菩　薩

由来と信仰の歴史

速水 侑

講談社学術文庫

目次

菩薩

由来と信仰の歴史

菩薩とはなにか

菩薩の意味

菩薩とは、古代インドの文語であるサンスクリット（梵語）のボーディ・サットバ（bodhi-sattva）を漢文に訳したとき菩提薩埵《ぼだいさった》と音写し、これを略したものです。サンスクリットのボーディとは「悟《さと》り」、サットバは「有情《うじょう》」の意味です。有情とは、草木・山河・大地などを非情とよぶのに対し、こころを持った生きもののことで、「衆生《しゅじょう》」ともいいます。ですから、菩薩ということばの意味は、「悟りを持った有情」あるいは「悟りを求める人」ということになります。

もちろん「悟りを求める人」というだけのことなら、古くからインドの仏教徒は、それぞれに悟りを求めて修行していたのですから、これらも菩薩とよべないことはありませんが、いわゆる菩薩とは、自己中心の修行者ではなく、「上求菩提《じょうぐぼだい》、下化衆生《げけしゅじょう》」すなわち仏の悟りを求める（自利《じり》）とともに仏の慈悲行《じひぎょう》を実践して一切衆生を救おうと努める（利他《りた》）ところの、大乗仏教《だいじょうぶっきょう》の理想的修行者像を意味します。菩薩のことを、「偉大な」という意味のマハを冠して、マハーサットバ（mahā-sattva）（摩訶薩埵《まかさった》・大士《だいし》）という尊称でよぶ場合のあるのもこのためです。

菩薩のおこり

では「菩薩」ということばは、インドでいつごろどのようにして生まれたのでしょうか。もともと「菩薩」ということばの根底には、ただ漠然と「悟りを求めている有情」というだけでなく、「悟りを得ることが確定している有情」という意味も含まれていたといわれます。このように当初の菩薩の意味を「悟りを求めており、しかも悟りを得ることが確定しているもの」と考えるならば、すでに悟りを得たことが明らかである釈迦の前身（本生《ほんじょう》）こそ、菩薩という名にもっともふさわしいでしょう。

ところで、釈迦が入滅《にゅうめつ》したのは紀元前四世紀ころですが、菩薩ということばが生まれるのは、ずっと後のことです。釈迦の遺骨（仏舎利《ぶつしゃり》）を供養する仏塔《ストゥーパ》（stūpa）を飾る釈迦の伝記絵（仏伝図・本生図《ほんじょうず》）の銘文にも、紀元前二世紀ころまでは菩薩の語は現われず、「菩薩」ということばが成立したのは、紀元前一世紀と推定されます。近年の研究では、菩薩の観念は、釈迦が前世で燃灯仏《ねんとうぶつ》にあって、みずから仏になろうとの誓願を発し、燃灯仏から「汝《なんじ》は未来世において釈迦牟尼仏《しゃかむにぶつ》という仏になるだろう」と成仏《じょうぶつ》を保証された（授記《じゅき》）という『燃灯仏授記』の物語から生みだされたであろうといわれます。

仏塔教団

こうして、まず釈迦仏の成道《じょうどう》以前の段階を説明する「釈迦菩薩」の形で成立した菩薩の観念は、その後しだいに変化発展し、慈悲行を実践する理想的人間像を意味する、いわばより普遍的一般的な性格を帯びるようになりました。こうした菩薩観念の変化発展は、仏塔教団を源流とするいわゆる大乗仏教思想の発展と深くかかわっていると考えられます。

釈迦が入滅した後、年数をへるにつれ、当然のことながら弟子たちの間では教説の解釈の相違が生じ、教団は分裂してゆきました。まず仏滅百年後の紀元前三世紀中ころ、戒律に厳しい保守的な上座部《じょうざぶ》と、戒律に比較的寛容で自由な大衆部に分裂します。これを根本分裂《こんぽんぶんれつ》とよび、仏教の歴史ではこれ以後を部派仏教の時代といいます。部派は分裂に分裂を重ね、西暦紀元をすぎるころには、上座部大衆部を合せて部派の数は約二十におよびました。これら各部派は、いずれも出家者（比丘《びく》）中心の集団で、自派の正統性を主張して煩瑣な教学論争をくりかえしました。部派の比丘たちの最大の関心事は、苦行と学問によってみずからが悟りを得て、この輪廻《りんね》の世から脱するという、自己中心のいわば「自利行《じりぎょう》」であり、自分以外、自派以外の人びとを広く救済する「利《り》他行《たぎょう》」は、関心の外でした。

大猿本生。前２世紀。バールフットの玉垣浮彫に描かれている本生説話（ジャータカ）。釈迦の前身である賢い猿の王が、自分の身体を橋にして配下の猿たちを避難させる場面が描かれている

このような僧院にこもる出家者中心の閉鎖的な部派仏教が、正統仏教としての地位を誇る一方で、一般民衆の信仰を広く集めたのは、仏塔信仰でした。釈迦入滅後その遺骨は、各地の仏塔《ストゥーパ》に納められ供養されました。仏教保護で知られるマウリア朝のアショカ王が、紀元前三世紀の中ころに現われて、多数の仏塔を建立したことは有名です。釈迦を追慕する民衆にとって、仏塔は単なる建物ではなく、釈迦そのものであり、仏塔を巡礼礼拝し、清掃供養し、財を寄進するものは現世ではさまざまな福徳を得、死後は天上に生じ、ついには成仏し得るとされました。

これら仏塔の管理運営は、当初からその地の在家《ざいけ》信者の協力によって可能でしたから、仏塔の周囲には、出家者だけでなく多くの俗人を含む信仰集団が形成されました。この部派仏教と異なり在家色の濃い「仏塔教団」の間で菩薩の道を求める信仰が生まれ、さらにはこの流れから、自利行のみの部派仏教を批判する、新しい仏教運動としての大乗仏教が成立するのです。

菩薩道と大乗仏教

仏塔を拠点とする在家色の濃い信仰集団の間で、慈悲行を実践する理想的人間像としての菩薩が形成された過程については、さまざまの推測がされています。

仏塔供養を通じて醸成される熱烈な釈迦鑽仰は、釈迦を超越者として神格化するとともに、釈迦前身への関心を深め、釈迦菩薩の観念を生み出しましたが、さらにこの釈迦菩薩がどのようにして悟りの世界に到達したかを明らかにするため、釈迦菩薩の実践活動としての菩薩道が、仏塔教団の仏伝作者によって考え出されます。真の悟りを求めて仏になろうとする誓願、すべての人を救おうとする大慈悲心、そしてこれらにうらづけられた、六波羅蜜《ろっぱらみつ》に代表される行《ぎょう》がそれです。波羅蜜（波羅蜜多《はらみた》）とは、梵語のパーラミータ（pāramitā）の音写で、迷いの此岸《しがん》から悟りの彼岸《ひがん》に到る意味であり、菩薩が悟りに到るために行なう社会的利他的な布施《ふせ》（慈善行為）・持戒《じかい》・忍辱《にんにく》（完全な忍耐）・精進《しょうじん》（努力）・禅定《ぜんじょう》（瞑想）、そしてこれら五波羅蜜の根本となるところの般若《はんにゃ》波羅蜜（完全な悟りの智恵）の六つを六波羅蜜とよびます。

サーンチーのストゥーパ（第一塔）。前２～前１世紀

このような仏伝作者による菩薩道の具体化は、作者の背後にある在家的な仏塔教団構成員の宗教的欲求と結んで、さらに新たな菩薩を生みだします。出家による悟りを求めることが不可能な在家の仏教徒は、仏塔供養を通じ、偉大な釈迦の慈悲に救いの根元を求めていましたが、こうして成仏に到る道程として一切衆生《いっさいしゅじょう》救済の慈悲心にうらづけられた菩薩道が具体化する

と、過去仏の釈迦の前身である釈迦菩薩にとどまらず、人びとを救おうとの大悲の誓願をたてて現在菩薩道を実践している、より身近なさまざまな菩薩が考え出されました。まず、過去仏の釈迦に対して当来仏《とうらいぶつ》すなわち未来の仏とされていた弥勒が、菩薩として観念され、次の代の仏となることが確定している「一生補処《ふしよ》の菩薩」として位置づけられました。さらに、過去の釈迦、未来の弥勒だけではあきたらず、現世の救済者としての性格を持つ菩薩を求めるところに、一世紀の末ころまでに観音菩薩が成立し、以後も文殊菩薩・普賢菩薩をはじめとするさまざまな菩薩が生まれました。

弥勒をはじめとするこれらの菩薩は、修行が完成し、いわば「悟りを求めており、しかも悟りを得ることが確定している有情」です。しかし菩薩の観念が発達するにつれ、こうした修行の完成した大菩薩だけでなく、在家・出家や身分の上下を問わず、真に仏の悟りを求めて菩薩道を行なうものは、だれでも菩薩であるという考えが生まれました。

こうした「凡夫の菩薩」の観念は一世紀の中ころ形成されたといわれますが、それは仏道修行のあり方に大きな変化をもたらしました。在家的な仏塔教団の流れに立つ人びとは、悟りを求めて一切衆生《いっさいしゅじょう》を救おうと努める菩薩道の実践こそ、仏の願いにかなうものであり、またこれによってのみ真の悟りの境に近づくことができると考えました。こうした菩薩道の立場からみるならば、閉鎖的な僧院にこもる出家者中心の部派仏教は、自利にのみ汲々として利他行を忘れ、仏の願いから離れたものということになります。菩薩道の実践につとめる人びとは、みずからの道を大乗《だいじょう》（マハヤーナ、mahā-yāna）と誇り、これに対し従来の部派仏教を小乗《しょうじょう》（ヒーナヤーナ、hīna-yāna）と貶称しました。乗《ヤーナ》とは乗りもののことで、ここでは迷いの此岸から悟りの彼岸に至る教法をさします。

初期の大乗教団は、仏塔に集う出家の菩薩と在家の菩薩からなり、彼らは、「比丘《ビクシュ》の集団《サンガ》」である部派仏教教団に対し、自分たちの教団を「菩薩の集団《ボーディサットヴァ・ガナ》」とよびました。もとより、こうした「菩薩の集団」は、伝統的な部派仏教教団からみれば、在野の異端的新宗教運動にすぎなかったのですが、紀元一～二世紀ころに、菩薩行の根本というべき般若思想を宣揚し、大乗の語をはじめて用いた『小品《しょうぼん》般若経』が成立し、ついで『法華経』『無量寿経』などの大乗思想を説く経典がつぎつぎと現われてその教法が確立すると、大乗仏教は新しい民衆仏教として、めざましい発展をしめします。これら大乗経典には、仏の悟りを求めるものが範とすべき菩薩道の理想的実践者であり、またその大悲の利他行によってあまねく衆生を救済する、数多くの大菩薩が説かれており、菩薩信仰は大乗仏教の発展とあい結んで、民衆の間にひろまっていったのでした。

インドの菩薩像の変遷

菩薩道実践を標榜する大乗仏教の発展にともない、さまざまの大菩薩の信仰が形成されました。その順序は、さきにもふれたように釈迦菩薩にはじまり、すでに未来仏として考えられていた弥勒を菩薩思想の立場から「補処の菩薩」として位置づけ、この後、観音・勢至・文殊・普賢といった菩薩があいついで生まれます。

部派仏教では、悟りを得た仏といえば釈迦仏以外に考えられませんでしたが、大乗仏教では、あらゆる方角のあらゆる世界（十方世界《じっぽうせかい》）で無数の菩薩が誓願を発して修行につとめ、悟りの資格を達成している可能性を認めますから、当然十方世界に多数の仏が存在し、さらにそのまわりにも、成仏をめざす多くの菩薩が存在し修行している、という考えが生じます。この娑婆《しゃば》世界は釈迦仏の世界なので、こうした現存する仏の世界は娑婆世界の他方に求められました。まず一世紀の末ころまでに考えだされた阿閦仏《あしゅくぶつ》の東方妙喜《みょうき》世界、西暦一〇〇年ころ考えだされたという、阿弥陀仏の西方極楽世界をはじめとするあまたの浄土《じょうど》がそれです。娑婆世界では仏にまみえることのできない仏滅後の人びとも、こうした仏の国である浄土に往生《おうじょう》するならば、それぞれの浄土の仏にまみえ、親しく説法を聞き、悟りに達することができるわけで、こうして現在他方仏《げんざいたほうぶつ》の存在を認める大乗仏教思想の発達とともに、浄土往生を願う浄土信仰が、民衆の心をとらえるようになります。

これら浄土には、仏のまわりであまたの菩薩が修行していますが、すでに修行が完成し、成仏が確定しているような大菩薩は、これら多くの菩薩の上首として、仏の脇侍《わきじ（きょうじ）》に位置づけられ、その仏の「補処の菩薩」となります。たとえば阿弥陀の脇侍は観音と勢至ですが、観音の場合などは、従来の現世的な観音独自の信仰に、阿弥陀の脇侍菩薩として、阿弥陀仏の来世的性格の一端も兼ねそなえるようになり、浄土信仰の発達は、菩薩信仰の内容を一層発展させて行くことになります。

ところで、菩薩信仰の具体的現われである、礼拝対象としての菩薩像は、どのような変遷をたどって発達したのでしょうか。

今日われわれは、仏や菩薩をいわゆる仏像として表現することを当然のように考えていますが、実は初期の仏教では、仏像は存在しませんでした。民衆の礼拝の対象である仏塔《ストゥーパ》の表面には、紀元前二世紀ころから、従来の装飾文様に加えて、釈迦の仏伝図・本生図が現われますが、かんじんの釈迦の具体的形像は描かれず、そのあるべき場所は全く空白であったり、菩提樹や仏足跡で象徴したり、あるいは、説法する釈迦を法輪で、城を去る釈迦を乗りものの馬で、間接的に表現したりしています。美術史の上で「仏陀なき仏伝図」とよばれるゆえんですが、これは偉大な釈迦を人間の姿で形象化することなど、不遜であり不可能だとインドの仏教徒たちが考えていたためでしょう。

ところが紀元一世紀の末ころになって、まずインド西北部のガンダーラ、ややおくれてインド中央部のマトゥラーで仏像の表現がはじまりました。これは西の方からヘレニズム世界の美術がインドに伝わり、神的存在を人間の形で表現する、ギリシ

カーシャパ（迦葉）仏の菩提樹。前2世紀。人々の礼拝する空座には、仏が坐っていることが暗示されている

仏坐像。ガンダーラ出土。クシャーナ時代

ヤの神像彫刻の造形思想が影響した結果と考えられています。ガンダーラの仏像は、人間的表現とはいえ、ギリシャの神像のような、理想的人体美の表現ではなく、肉髻《にくけい》や白毫《びゃくごう》や円光《えんこう》などで釈迦の超人性を造形的に強調しようとしています。これは現代的な目でみれば不自然で異様な感じを与えますが、それまでは偉大な釈迦を、人間的に表現できないと考えていたインド人が、ヘレニズムの造形思想とインド従来の仏身観を融合させる場合、あえてこのような超人的表現をとらなければ、納得できなかったためでしょう。そしてこうしたインド的な表現が、以後の仏像彫刻の基本的表現となって行きます。

初期ガンダーラの仏像は、まず仏伝図の中に具体的形像として現われ、ついで単独の彫像として発展して行きます。そこでは成仏した仏を示す如来形に加えて菩薩形の像がみられますが、これは成道以前の釈迦菩薩の姿であって、他の大菩薩の像ではないと思われます。つぎにマトゥラーの場合、ここでは弥勒像の存在が認められますが、やはり菩薩像の多くは釈

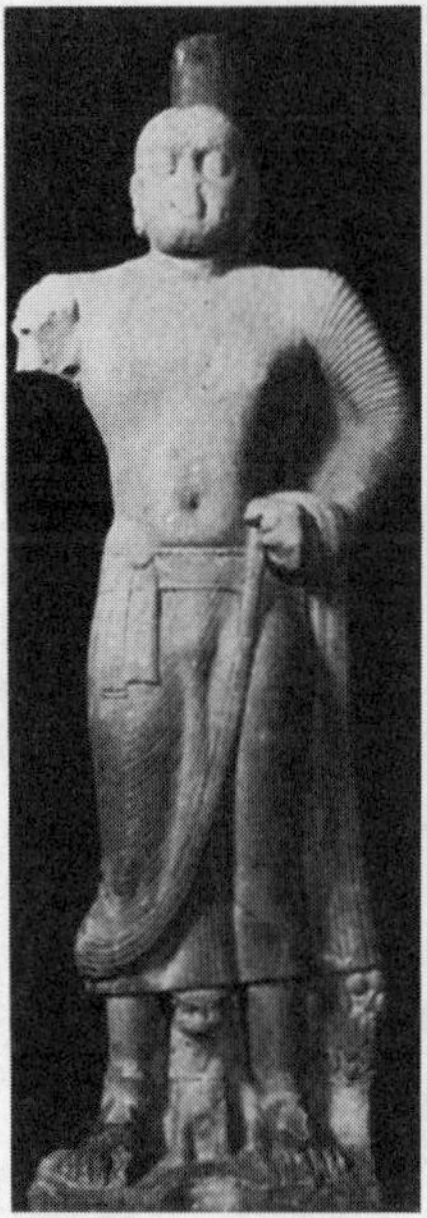

菩薩銘のある仏立像。サールナート出土（マトゥラー作）。２世紀

菩薩銘のある仏坐像。２世紀前後。マトゥラー博物館

カーネリー石窟の十一面観音。6世紀ころ

迦像であったようです。ところでマトゥラーでは、あきらかに如来形の釈迦像に「菩薩」と銘のある像が発見されています。この奇妙な「菩薩像」についてはいろいろの解釈がされてきましたが、最近では、成仏した釈迦の姿は表現不可能という従来のインド人の観念が変化して行く過程で、仏像は作れないが、菩薩像としてなら作ることが許されるという段階があり、一種の妥協的表現として、菩薩の名で如来像が作られたのではないかと考えられています。

このように、二世紀当時からみられる弥勒を例外とすれば、釈迦以外の大菩薩の像の出現はかなりおくれることになります。観音の場合でも、その信仰の発生は一世紀にさかのぼりますが、観音像の造像がインドで大流行するのは五〜六世紀ころです。ところでこうした流行期の観音像をみると、たとえばサールナート（鹿野苑）では五世紀に青頸《しょうきょう》観音、カーネリー（カンヘリー）では六世紀ころに十一面観音が現われるなど、変化《へんげ》観音像の形成が認められます。七〜八世紀になると、文殊像や普賢像も、観音と同じように変化像への発展がみられます。

こうした変化菩薩の流行は、菩薩信仰がインドの民衆の間に広まる過程で、民衆の持っているヒンドゥー教的信仰をとり入れていったためと考えられます。六世紀以後、マガダ地方を中心にきわめて盛んになる多羅《たら》菩薩（多羅観音）の信仰も、ヒンドゥー教の性力崇拝が、観音信仰に影響して生まれた菩薩といわれます。こうしてインドにおける菩薩信仰の民衆的展開は、いわゆる密教の誕生につらなり、その過程でインド在来信仰と結合したさまざまな変化菩薩像を誕生させるのです。

中国の菩薩像の変遷

インドでおこった仏教が西域諸国を経てはじめて中国に伝わったのは、紀元一世紀のころであったと思われます。

当時の中国は漢帝国の時代で、彼岸的な思考を拒否する為政者の倫理規範としての儒教が、国教的な地位を占めていましたが、その一方では、黄帝《こうてい》・老子の教えとよばれるところの神仙方術《しんせんほうじゅつ》的な俗信も盛んでした。西から伝わってきた仏教は、はじめは黄老の教えと同じようなものとして理解されていましたが、漢が滅び、江北を支配した五胡《ごこ》十六国とよばれる多数の北方異民族国家が、儒教に代る新しい国家支配のイデオロギーを、仏教に求めたこともあって、仏教は国家の保護と統制の下で大いに発展します。ことに五世紀に江北を統一した北魏《ほくぎ》王朝の時代には、有名な龍門石窟を中心として、仏教芸術の花が開きました。

中国の仏・菩薩像の変遷も、こうした中国仏教の展開と一致しています。中国の最初の仏

龍門石窟奉先寺菩薩立像。唐時代

像とされるものは、三世紀中ころの漢式鏡にみられるものです。わが国の古墳などから出てくる三角縁神獣鏡には、神仙像と異なって円光を頂き、蓮華上に結跏趺坐《けっかふざ》する像が描かれる場合があります。これは仏ないし菩薩像と考えるべきでしょうが、その尊名などははっきりせず、中国人が仏教を神仙的なものとして理解していた段階を示しています。ついで小金銅仏が出現してきますが、これも初期の像は、仏像の特徴としては肉髻くらいしかない素朴なものです。しかし四世紀ころになると、ガンダーラ風の立像坐像が盛んに作られ、弥勒菩薩の立像も現われます。三〇〇年前後ころの鏡には蓮華を持つ蓮華手菩薩らしい観音像がみられ、五世紀に入るころまでには、半跏思惟《はんかしゆい》像も出現し、造像の様式も中国色を帯びるようになります。

五世紀末から盛んになる龍門の造像は、北魏時代から七世紀の唐の時代にかけて、中国人の礼拝対象である仏・菩薩像がどのように変遷したかをもっともよく示す資料です。造られた年代と尊名がはっきりしている像の数を、北魏の時代と唐の時代に分けて示すと二三ページの表のようになります。これをみると、北魏の時代には釈迦がもっとも多く、これと並んで、釈迦菩薩に授記した定光仏《じょうこうぶつ》（燃灯仏《ねんとうぶつ》）、『法華経』の説く宝塔で釈迦と並ぶ多宝仏など、釈迦仏伝的な尊像の名がみられます。菩薩像についてみれば、弥勒は、当来仏として、これら仏伝的諸尊と関係するとともに、兜率天《とそつてん》上に住むということで、中国人の伝統的な天上界志向とも結んで、広くうけ入れられたようです。

なお釈迦・弥勒の造像の盛んな一因が北魏の国家的仏教政策にもあることは、弥勒の項で述べるとおりです（一一八頁参照）。

　唐の時代になりますと、こうした諸尊の造像が減少し、阿弥陀像が急増します。北魏の時代にも、阿弥陀の異称の無量寿仏が存在しますが、無量寿という尊名に、当時の中国人は神仙的な長寿の利益を考えていたらしく、信仰の内容は、阿弥陀信仰と必ずしも同一視できません。こうした「釈迦から阿弥陀へ」という変化は、浄土教の発達にともなう「此土《しど》的なものから彼土《ひど》的なものへ」という、中国人の信仰の大きな変化の流れを反映しているとされます。地蔵菩薩や六道の苦を救う救苦観音が唐の時代になって現われるのも、彼土的菩薩への関心の高まりを示しています。観音が、こうした動きとあまり関係なく、両時代を通して盛んなのも興味あるところです。観音は、阿弥陀信仰発達以前から、阿弥陀脇侍というよりも、もろもろの利益をもたらす菩薩

	北魏（495～535）	唐（650～704）
釈迦	四三	九
弥勒	三五	一一
多宝	三	〇
定光	二	〇
無量寿	八	〇
阿弥陀	〇	一一〇
観音	一九	三四
救苦観音	〇	一一
地蔵	〇	七

として親しまれ、中国社会の菩薩信仰の中心的存在となったのでした。

日本に仏教が伝わったのは、渡来人の間や朝鮮に近い九州の一部などでは、かなり早かったと思われますが、公《おおやけ》の外交ルートで、百済《くだら》からわが朝廷に伝えられたのは六世紀の中ごろでした。

日本の菩薩像の変遷

『日本書紀』によれば、五五二年に百済の聖明王《せいめいおう》がはじめて献じた仏像は釈迦像であり、その後五八四年に蘇我馬子《そがのうまこ》が仏殿に安置したのは、百済から伝わった弥勒像であったといいます。また六〇三年に秦河勝《はたのかわかつ》が聖徳太子からゆずりうけた新羅《しらぎ》伝来の仏像とは、現在の広隆寺弥勒像であったと推定する学者もいます。百済や新羅を通して、当時のわが国の仏教に大きな影響を与えた中国北魏の仏教で、最初に釈迦と弥勒の信仰が盛んであったことは、すでに述べたとおりですから、わが国にまず釈迦像と弥勒像が伝来したというのは、おそらく正しいでしょう。飛鳥《あすか》時代（七世紀中ごろの大化改新《たいかのかいしん》以前）の仏像としては、釈迦・弥勒にややおくれて四天王・薬師・観音・阿弥陀像が伝来していたと考えられます。すなわち飛鳥時代には、仏や菩薩の像が、おおよそ中国での発達の順序に従って、かなり多く伝えられていたとみることができます。

ところで、こうした仏教伝来期の諸尊の信仰は、どのようなものであったでしょうか。当時の日本人の間では、いろいろの仏菩薩も「蕃神《あだしくにのかみ》」、つまり日本の神である

「国神《くにつかみ》」に対する異国の神として一括して考えられ、諸尊の教義や利益の相違はほとんど理解されていなかったようです。たとえば、飛鳥時代の代表的仏教信者である蘇我馬子の信仰について、『日本書紀』は、

蘇我馬子が病気になったので占ったところ、父の稲目《いなめ》のときに祭った仏のたたりであるといわれた。そこで天皇は馬子に「父の神（仏のこと）を祭れ」と命じたので、馬子は「寿命を延べたまえ」と弥勒の石像に祈願した。

法隆寺献納金銅仏のうち、菩薩立像

法隆寺金堂壁画（二号壁）〈部分〉

という話を伝えています。弥勒菩薩といえば後に述べるように、兜率天《とそつてん》への上生《じょうしょう》や龍華三会《りゅうげさんね》での救いを願う来世信仰が本来の姿のはずですが、弥勒への馬子の祈願は、病気をなおしてほしいという素朴な現世利益的祈禱です。治病を祈る仏なら薬師がもっともふさわしいでしょうが、おそらく馬子はそうした諸尊の利益の特徴を明確に意識しておらず、「私の病は重くてなかなかなおりません。三宝の力によらなければ、なおすことはむずかしいでしょう」と語っているように、「蕃神」としての仏一般の呪力に帰依していたのです。そうした段階では、諸尊の個性は十分に意識されず、各尊個別の信仰はまだ成立していなかったとみることもできます。東京国立博物館には「法隆寺献納金銅仏」の名でよばれる七世紀初頭から八世紀初頭にかけての多数の小金銅像が保管されていますが、そのなかには比較的多い観音像を除けば、如来像か菩薩像かが区別できるだけで、尊名を確定できない像が少なくありません。こうした七世紀当時の造像における個性の欠如は、当時の日本人の信仰の性格を反映した結果といえるでしょう。

　こうした素朴な段階を経て八世紀になりますと、諸尊の特徴はかなりはっきりしてきま

法隆寺金堂壁画（六号壁）〈部分〉

す。たとえば七世紀末から八世紀はじめに描かれたであろう法隆寺金堂壁画をみますと、尊名がはっきりしない半跏《はんか》思《し》惟《ゆい》像（二号壁・五号壁）もありますが、釈迦をはさんで薬王・薬上菩薩（一号壁）、阿弥陀をはさんで観音・勢至菩薩（六号壁）、弥勒菩薩と神王（九号壁）、薬師をはさんで日光・月光菩薩（十号壁）、観音と勢至（三・四号壁）、文殊と普賢（八・十一号壁）、聖観音と十一面観音（七・十二号壁）など、多くの仏や菩薩がかなり明瞭な形像的特徴を示して現われており、さらに奈良時代になると、諸尊の信仰もそれぞれ独自の展開をみせるようになります。

　奈良時代にどのような尊像の信仰が盛んであったかは、現存する史料が断片的なので、あまり決定的なことはいえませんが、たとえば奈良時代の末に建立された西大寺《さいだいじ》の仏像は、『資財帳《しざいちょう》』によると、観音が十一、四天王が六、薬師が四、弥勒が四、釈迦と阿弥陀が各一でした。これからみれば観音・四天王・薬師・弥勒といったところが、奈良時代の貴族に特に崇拝されたようです。

西大寺の建立は、称徳《しょうとく》女帝が藤原仲麻呂《なかまろ》の乱の鎮圧を祈願した四天王像鋳造にはじまり、女帝の信任を得た道鏡《どうきょう》が、おのれの政権の威信を誇示するため、東大寺と並ぶ大寺院にしようとしたのです。そこで『最勝王経《さいしょうおうきょう》』四天王護国品による国分寺建立の理念と同様に、祈願に応じて国家を鎮護《ちんご》してくれるという四天王の信仰が重んじられたのは当然でしょう。

またもっとも多数を占める観音の信仰は、奈良時代にはきわめて盛んで、聖観音の他にも、十一面・千手・不空羂索《ふくうけんじやく》・馬頭《ばとう》などの密教的変化観音像も現われました。観音は四天王と並び、鎮護国家《ちんごこっか》の利益絶大な菩薩とされるとともに、薬師のような治病の利益をはじめさまざまの現世利益が期待されました。

薬師は、古くから病をなおす仏として重んじられ、六八〇年には天武天皇が、皇后の病のため薬師寺を建立し、養老四年（七二〇）、藤原不比等《ふひと》が病むと、都や畿内の諸寺で『薬師経』を読み、天平十七年（七四五）に聖武天皇が病んだときも、諸寺で薬師悔過《やくしけか》を行なって平癒を祈るなど、その伝統は奈良時代に続きました。

このようにみてくると、奈良時代の諸尊の信仰は、仏・菩薩を問わず、鎮護国家や病気平癒を祈る現世利益的信仰が中心でした。来世的信仰の代表である阿弥陀信仰があまり発達せず、地獄に入って人びとを救うという地蔵の信仰がほとんど現われないのは、こうした奈良時代の信仰の性格を物語っています。

来世信仰とよべるものでは弥勒の信仰だけが盛んでした。弥勒浄土の信仰が阿弥陀信仰に先んじて発達したのは、中国仏教の反映でもありますが、天上界の兜率天崇拝が在来の神祇信仰との関係で、わが国の人に受け入れられやすかったり、弥勒を重んじる法相宗が、奈良時代に盛んだったことにもよるのでしょう。ただこの場合も、みずからの浄土往生を願うというよりは、先祖などの霊の追善《ついぜん》としての色彩が強く、平安時代中期以後の浄土教とはかなり異なる性格のものでした。

九世紀、いわゆる平安時代の初め、最澄《さいちょう》と空海《くうかい》が、天台《てんだい》・真言《しんごん》の新しい宗派を開き、貴族の支持を得て栄えました。ことに国家の安泰や貴族の現世利益をもたらすという密教は、新しい祈禱宗教として、天台・真言を問わず発達しました。その結果、さまざまの密教的な仏や菩薩が、曼荼羅《まんだら》などによってわが国に伝えられ、造顕されるようになりました。

しかし十世紀ころを境に、古代国家が没落し、社会不安が深まると、個人の現世利益を祈る密教の祈禱と並んで、来世の浄土を願う信仰も盛んになりました。阿弥陀仏を中心として、観音・地蔵など来世的利益を持つ菩薩が重んじられ、六観音・六地蔵などの信仰も生まれます。また弥勒も末法の世を救う菩薩として人びとの崇拝の対象となります。

浄土教の発達は、法然《ほうねん》・親鸞《しんらん》の阿弥陀専修的浄土教を成立させますが、その後も来世的諸菩薩は、来世の利益にとどまらない現世の願いもかなえるものとして、民衆の間に支持され親しまれます。こうしたそれぞれの菩薩の変遷については、各尊の項で述べることとします。

菩薩像の特徴

最後に菩薩像の一般的特徴についてふれておきます。各尊の形像の特徴は、それぞれの項でくわしく述べますので、ここに記すのは、菩薩像に共通してみられる特徴です。

すでに悟りを得ている如来（仏）が、出家の姿で法衣を身にまとうだけなのに対し、修行中の菩薩は、さまざまの装身具で飾るのがもっとも大きな特徴ですが、さらに箇条書きにしてみると、つぎのようになります。

1 頭髪は、如来像がちぢれ毛の螺髪《らほつ》なのに対し、菩薩像は、長い髪を櫛《くしけず》って結び（宝《ほう》髻《けい》）、垂髪《すいはつ》を肩にたらします。

2 頭上には宝冠をいただきます。宝冠は天冠ともいい、帽子のように頭全体に冠る形と、額の前面だけをおおう形とがあります。

3 身に瓔珞《ようらく》をまといます。瓔珞とは金・銀・玉などをひもでつづった飾りをいい、仏像の頸・胸などを飾りますが（胸綴《きょうてつ》とよぶ胸飾りからさげる）、また衣服を飾ることもあります。

4 臂《ひじ》に臂《ひ》釧《せん》、腕に腕釧《わんせん》（鐶釧）、脚に足釧などの装身具をつけます。

5 肩から脇下に条帛《じょうはく》をかけます。条帛とは、古代インドの貴族などが着用したといわれるもので、裸身に肩から脇へななめにかけ、その端を腹部にたらした布です。わが国では飛鳥時代の仏像にはその例がなく、七世紀後半の白鳳時代になって現われるとされます。

6　身に天衣《てんね》をまといます。天衣は纏衣《てんね》とも書き、また綬帯《じゅたい》ともいいます。菩薩や天部の像で、両肩から臂にからませ体にそってたらす長い帯状の布で、装飾的な役目も持ちます。飛鳥時代の像では硬く図式的な着け方ですが、時代が降るにつれ、自由に翻転する形をとるようになります。

7　腰にスカートのような裳《も》あるいは裙《くん》をつけます。

8　眉間に白毫《びゃくごう》をつけます。白毫は光を放つという白い毛で、これは如来像と同じです。

9　頭光身光があります。これも如来像と同じです。

10　多くの場合、蓮華座《れんげざ》（蓮座・蓮台）に乗ります。これも如来と同じです。

以上の菩薩像の特徴をイラストで示すと、次のページのようになります。

それでは菩薩の総論はこれくらいにして、各尊ごとの特徴や信仰の歴史に移りましょう。

32 菩薩像の形像と名称

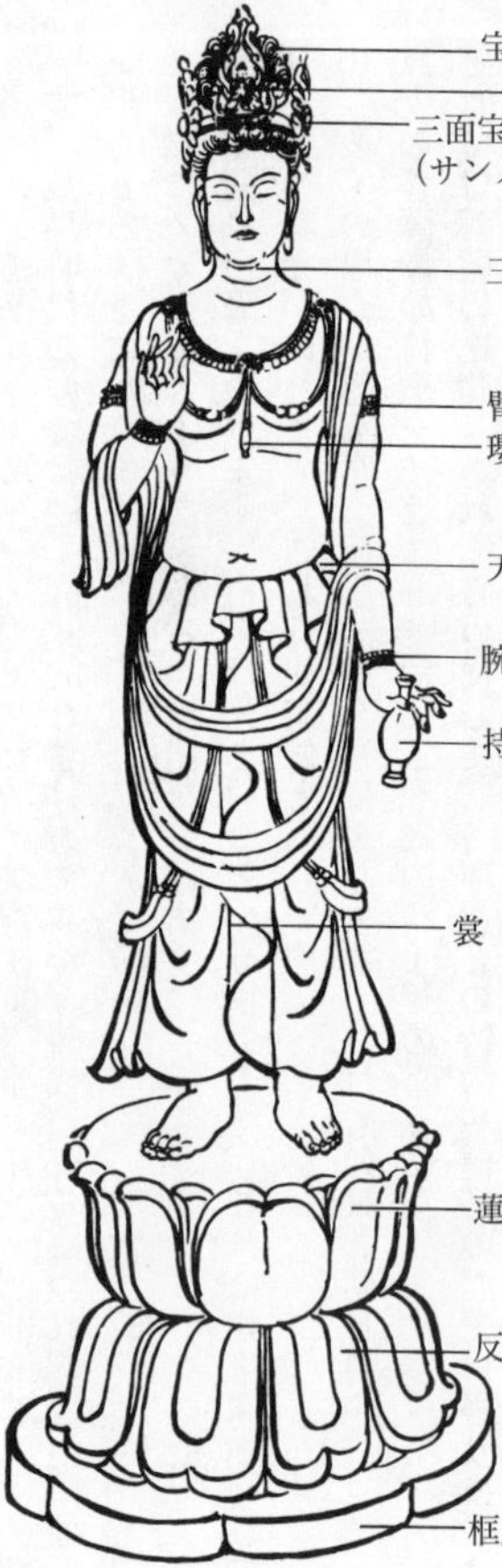

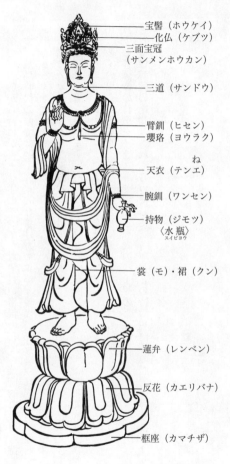

観音菩薩

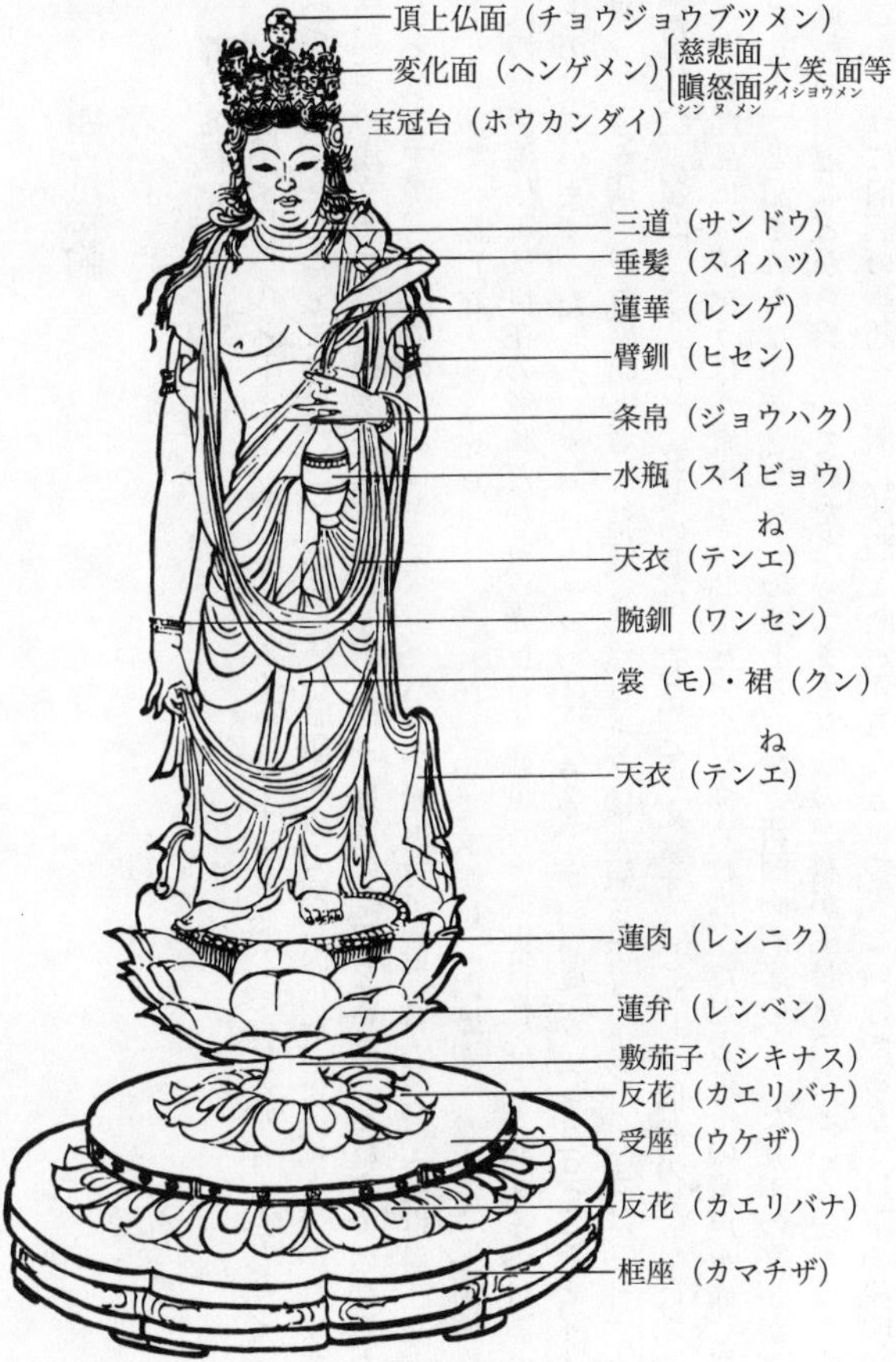
頂上仏面（チョウジョウブツメン）
変化面（ヘンゲメン）
慈悲面
瞋怒面《シンヌメン》
大笑面《ダイショウメン》等
宝冠台（ホウカンダイ）
三道（サンドウ）
垂髪（スイハツ）
蓮華（レンゲ）
臂釧（ヒセン）
条帛（ジョウハク）
水瓶（スイビョウ）
天衣（テンエ《ね》）
腕釧（ワンセン）
裳（モ）・裙（クン）
天衣（テンエ《ね》）
蓮肉（レンニク）
蓮弁（レンベン）
敷茄子（シキナス）
反花（カエリバナ）
受座（ウケザ）
反花（カエリバナ）
框座（カマチザ）

十一面観音菩薩

観音総論

尊の名称

観音は、古代インドの文語のサンスクリット（梵語）ではアバロキティシュバラ(Avalokiteśvara) とよばれ、これを漢字に音訳すると阿縛盧枳低湿伐羅《あばろきてしばら》と書かれます。梵語経典の漢文訳で、唐の玄奘《げんじょう》（六〇二～六六四）以後の翻訳を新訳、それまでの翻訳を旧訳とよびますが、旧訳ではアバロキティシュバラを光世音《こうぜおん》・観世音・観音・観世自在《かんぜじざい》などと訳し、新訳では観自在と訳しています。これについて玄奘は『西域記』巻三で、「阿縛盧枳多《あばろきた》は観《かん》、伊湿伐羅《いしゅばら》は自在の意味だから、光世音・観世音・観世自在などと訳するのは誤りだ」とのべています。たしかにアバロキティシュバラを、アバロキタ (Avalokita) とイーシュバラ (īśvara) の合成語と考えれば、アバロキタは「観《み》る」、イーシュバラは「神」または「自在天《じざいてん》」の意味ですから、玄奘の訳は正しいといえます。しかし、旧訳の観音とは、『法華経』普門品《ふもんぼん》に「苦をうけた衆生が一心にその名を称えれば、ただちにその音声を観じて解脱《げだつ》させる」と記された意味をとったものであるとか、新旧両訳家のよった梵本の文字が、伝来過程の相違などから異なっていたため、さまざまの訳語が生じたのだという説もあります。このように旧訳の訳語を一概に誤訳と断定することはできないのであり、以下の説明では、一般に親しみのある「観音」という旧訳のよび方を用いることにします。

尊の成立

観音の功徳《くどく》を説く経典は、観音を阿弥陀如来の脇侍《わきじ》菩薩（一六・三七頁参照）とする『無量寿経』、観音が補陀落《ふだらく》山（三八頁参照）に住むと記す『華厳《けごん》経』はじめ数多いが、もっとも有名であり、しかも成立年代がもっとも古いと思われるのは、『観音経』の名でよばれる『法華経』観世音菩薩普門品です。

『法華経』は、一般に西暦一～二世紀ころの成立とされますが、最初から現在の完成した形ではなく、観音・普賢・陀羅尼・極楽など、さまざまの仏教信仰を、『法華経』信仰に関係づけて統一しようとする意図のみられる終りのいくつかの品《ほん》は、比較的あとになってつけ加えられたと推定されます。そのため、普門品の成立年代を三世紀以後に引きさげる学者もいます。

しかし普門品は、観音の性格や功徳をかなり具体的に詳しく記していますから、普門品が成立したころには、すでに観音の信仰はインドの人々の間に相当広まっていたと考えられます。こうしたことから、インドで観音菩薩が形成された時期は、西暦紀元をそれほど下らないころ（紀元一世紀末まで）であったろうとする説が、有力のようです。

尊の役割とその分化

普門品は、観音が方便《ほうべん》力をもってさまざまに姿を変えて衆生を導き、これを念ずるならば、水火刀杖怨賊はじめ、さまざまの危難をただちに逃れ、福徳を得ることができると説いています。このように観音の利益の特色は、広範具体的でしかも速やかな現世利益にあります。さらに『法華経』の後で成立した『請《しょう》観音経』や『陀羅尼呪経《だらにじゅきょう》』などの経典は、病をなおすなどの観音の現世利益をますます強調し、そのための観音の神呪をいろいろと説くようになります。

こうした現世利益中心の観音の性格は、観音が仏教の教理的展開の結果としてではなく、異教的な神の信仰が、仏教にとり入れられて形成された菩薩であるためではないかと考えられ、インドの在来神である、大自在天妃ウマーの影響を想定する学者もいます。七世紀前半にインドを旅行した玄奘が、観音は祈願者の前に自在天（シヴァ）の形となって現われる、との伝聞を記しているのも興味深いものがあります。

初期の観音の形像は、いわゆる聖《しょう》（正）観音ですが、六〜七世紀以後、さまざまに変化した像容の変化《へんげ》観音がつぎつぎと形成されます。変化観音は、十一面・千手千眼《せんじゅせんがん》……といった名称からもわかるように、多面多臂《ためんたひ》、すなわち多くの顔や目や手足などを持って、その性格や利益を、具体的に強調して示そうとするものです。こうした異様な姿の変化観音は、ヒンドゥー教の影響で、インド仏教がしだいに密教化して行く過程で、多面多臂像の多いインドの神々の表現方法をとり入れて生み出されたと思われます（二〇・六六・七四頁参照）。こうして多様な変化観音が、観音像の主流を占めるようになり、中国でも日本でも、観音は密教信仰発達の上で重要な役割を果します。

このように観音の場合、変化像の形成が、他の菩薩に比較して早くから盛んに行なわれたところにも、もともとインド在来神の仏教化として形成された、観音の基本的性格をうかがうことができるでしょう。

観音の浄土

普門品には、観音を特定の如来や浄土と結びつけるような記述はありませんが、阿弥陀信仰関係の諸経典、ことに『無量寿経』『観無量寿経』などは、阿弥陀如来の極楽浄土に住む無数の菩薩の中で、観音と勢至の両菩薩が、いわゆる弥陀の脇侍として、最高の地位にあると説いています。人間最大の苦悩恐怖である死について、現世来世を通して安らぎを与えるという阿弥陀如来の脇侍には、自在の神力で衆生の多様な苦悩を救う観音がふさわしいと、考えられたのでしょうか。普門品の中にも、観音は地獄・餓鬼・畜生の悪道に苦しむ衆生を救うという頌句《じゅく》がありますが、浄土経関係経典の出現によって、観音の来世救済の性格は、きわめて明瞭になりました。観音と勢至は、慈悲と智慧という阿弥陀如来の二つの徳を、それぞれ象徴人格化したものとされ、阿弥陀を中心に観音・勢至を左右に配する阿弥陀三尊像が作られ、後《のち》に現われる阿弥陀来迎図でも、観音は蓮台をささげ、合掌する勢至とともに聖衆の先頭に立ち、臨終の人を浄土に導こうとしています。

このように浄土教関係の経典は、観音の住所を極楽としますが、これに対し、観音は補陀《ふだ》落山《らくさん》（光明山）に住んでいると説く経典もあります。『華厳経《けごんきょう》』入法界品《にゅうほっかいぼん》には、求道《ぐどう》の旅を続ける善財童子《ぜんざいどうじ》という若者が、補怛洛迦《ほたらか》という海に面した美しい山で、生身の観音にめぐり会い、大慈悲の説法を聞くという一節があります。七世紀前半にインドをおとずれた玄奘三蔵は、マラヤ山の東にポータラカ（布呾洛迦）という山があり、ここが観音の霊場で、またセイロンへの海路に近いことを記しています。そこで現在では、補陀落山の名のおこりとなるポータラカとは、インド南端のコモリン岬に近いマラヤ山の東の丘に実在した観音の霊場であったろうと推定されています。

この丘が観音の住所とされたのは、修行説法の場にふさわしい、風光明媚の地であるとともに、当時のインドで観音が航海守護神として重んじられていたことにもよると思われます。普門品には「もし大水のためただようとき、観音の名をとなえれば浅瀬につくことができる。もし宝を求めて大海に入り、黒風にふかれて羅刹鬼国《らせつきこく》にただよっても、一人でも観音の名をとなえれば、みな羅刹の難をまぬがれる」と説いています。羅刹鬼国とは、人を食う魔物の羅刹《らせつ》が住むと伝えられた獅子島（セイロン島）のことで、造船や航海技術が不完全な当時、南海貿易に従事した商人たちが、もっとも恐れた風波水難を救うものとして、観音を信仰していたことがうかがえます。南海に面してそびえ立ち、セイロンなどとの貿易航路にほど近く、海上からよく望まれる山丘は、航海守護神としての観音の住所にふさわしいと考えられたのでしょう。

このように『華厳経』などが説く補陀落山は、インドに実在した観音霊場を想定したものと思われますが、観音信仰がインド以外の地域にも広まるにつれて、各地に補陀落の名を冠する霊場が生まれます。中国の舟山列島における普陀山、チベットのポータラ、そしてわが国の熊野那智や日光は、その代表例です。ことに那智では、海上はるかに常世の国が存在するという日本人古来の他界信仰に『華厳経』の所説が重層し、生身の観音にまみえんとする、補陀落渡海の物語を、今日に伝えているのです。

中国の観音信仰

インドで発達した観音の信仰が中国に伝わった年代は、はっきりしません。『法華経』が最初に漢訳されたのは三世紀後半ですから、そのころには普門品に説く観音の利益は、中国人に知られたはずです。しかし、わが国の古墳から出土した三〇〇年前後ころの絵文様縁仏獣鏡に蓮枝《れんし》を持った観音らしい菩薩がみられる他には、三〜四世紀の中国の観音信仰を示す史料はまだ発見されていません。

それが五世紀になりますと、蓮枝と水瓶《すいびょう》を持つ観音像が盛んに中国で造られるようになります。黄河流域の龍門《りゅうもん》にいとなまれた有名な龍門石窟には、五世紀末の北魏《ほくぎ》の時代から八世紀初めの唐の時代までに造られた、さまざまの種類の仏像が残っています。

龍門の造像の傾向をみると、五世紀から六世紀には弥勒・釈迦の造像が多く、七世紀以後は阿弥陀像が流行します。ところが観音は、時代により極端な変動はなく、各時代を通じて

	北魏（495〜535）	唐（650〜704）	計
観世音	一九	三四	六四
救苦観音	〇	一一	
無量寿	八	〇	一二八
阿弥陀	〇	一二〇	
釈迦	四三	九	五二
弥勒	三五	一一	四六

盛んに造像されています。まだ阿弥陀像が現われない北魏の時代から観音が造られたことでもわかるように、観音は阿弥陀の脇侍よりも、『法華経』普門品による、独立した菩薩信仰として発達したのです。もっとも普門品に説く観音の利益は、主に現世利益ですが、龍門石窟の願《がん》文《もん》をみると、父母をはじめとする家族の追善が、現世利益と分ちがたく結びついており、ここにインドとは異なる、家中心の中国仏教の特色をみることができるのです。

時代が下るにつれて、中国の観音信仰は、十一面・千手をはじめとする、多くの変化観音像の流行によって、ますます盛んになり、後に「家家観世音、処処阿弥陀仏」のことわざが現われるまでに、中国人の信仰の中心を占めるようになるのです。

日本への伝来

現在のところ、年代が確定できる日本最古の観音像は、東京国立博物館蔵の法隆寺献納金銅立像です。この像には、死者追善のため辛亥《しんがい》の年に造ったとの銘文があり、辛亥とは大化《たいか》改新《かいしん》六年後の白雉《はくち》二年（六五一）にあたると考えられるので、いわゆる白鳳時代の作品とされます。

しかし、銘文はないが、より古い、大化改新前の飛鳥時代の作品と思われる観音像もあります。法隆寺に伝えられ、左右シンメトリー（対称）の天衣をひるがえす正面観照の止利《とり》様《よう》式《しき》の観音立像や、東京国立博物館蔵の金銅半跏《はんか》像など、山形の宝冠に化仏《けぶつ》（六三頁参照）はついておりませんが、初期の観音像の例と考えられています。ことに、飛鳥仏教に大きな影響を与えた中国北魏仏教で観音造像が盛んであったことからみても、大化以前に観音像がわが国に伝来したことは疑いないと思われます。

法隆寺献納金銅仏のうち、辛亥銘のある観音立像

しかし当時の日本では、仏教や経典は伝えられても、その教えは十分には理解されませんでした。さまざまの仏や菩薩も、「蕃神《あだしくにのかみ》」つまり日本の神に対する異国の神として、一括して考えられていたようです。辛亥銘観音像はじめ、七世紀に作られた観音像の銘文をみますと、どれもが父母などの追善を記しています。それは、阿弥陀でも弥勒でも、当時の仏像に共通しており、ことばをかえるなら、いろいろの仏像は伝えられても、まだ観音とか阿弥陀とかの、それぞれの利益の特色が理解されていない——仏や菩薩の個性が意識されていない——ということになるでしょう。したがってこの時代には、観音像は伝来し製作されても、観音信仰とよぶべきものは、厳密な意味ではまだ発達していなかった、とみることもできるでしょう。

奈良時代の観音信仰

こうした素朴な信仰の段階をすぎ、八世紀の奈良時代になると、仏や菩薩の利益の特徴もようやく理解されはじめ、各尊の信仰は、それぞれ独自の展開を示すようになります。奈良時代の末に建てられた奈良西大寺の『資財帳《しざいちょう》』をみると、西大寺の仏像は、四天王が六、薬師・弥勒がそれぞれ四、釈迦・阿弥陀がそれぞれ一であったのに対し、観音像は十一を数えました。奈良時代には西大寺に限らず、観音の造像は盛んで、聖観音だけでなく、十一面・千手・不空羂索《ふくうけんじゃく》・馬頭などの変化観音像も現われました。

奈良時代、観音にどのような利益が期待されたかをみると、天平《てんぴょう》十二年（七四〇）、藤原広嗣《ひろつぐ》の乱がおこると、宮中で権を専らにしていた僧玄昉《げんぼう》の発案で、国ごとに七尺の観音像を造り『観音経』を写すことが命じられ、以後も、橘奈良麻呂《たちばなのならまろ》の乱や県犬養姉女《あがたいぬかいのあねめ》の陰謀事件の際、天皇は反乱や陰謀を未然に防げたのは、観音のおかげだと述べておりますから、観音は、国家を内外の敵から護る、いわゆる鎮護国家の利益が絶大な菩薩と考えられていたようです。

しかし一般民衆の間では、観音は、もっと身近な、日常生活の上でのさまざまの利益を与えてくれる菩薩として、親しまれていました。奈良時代の末から平安時代初めにかけて、民衆の間に伝えられた仏教説話を集めた『日本霊異記《にほんりょういき》』には、民衆の観音信仰を伝える説話が、いくつも収められています。戦火に追われて進退きわまった僧が観音を念ずると、老人に姿を変えた観音が舟に乗って現われて救ってくれたとか、生き埋めになった鉱夫の妻子が観音を念ずると、観音が穴の中の鉱夫のところに食物をとどけてくれ、鉱夫は外に出ることができた、といった説話は、生死の境で一心に観音を念ずるなら、観音はさまざまに姿を変えて、ただちに救ってくれるという『観音経』の教えによったものでしょう。

さらに、「南無、銅銭万貫、白米万石、それによき女あまたを施せ」と観音に願って、貴族の娘と結婚できた男の話、零落した女が、守り本尊の観音像の手に縄をかけて引きながら財物を願って、ついに幸せになる話などもあります。観音の手に縄をかけて引きながら願うといった説話には、観音が即物的な願いをかなえてくれる菩薩として、民衆にいかに親しまれていたかがうかがえます。この時代の観音の信仰は、朝廷や貴族たちの鎮護国家の願いからはじまって、一般民衆の日常の危機を救い富を求める願いまで多様ですが、現世利益を求める点に中心があったといってよいでしょう。こうした現世利益中心の観音信仰は、天台・真言宗が成立した平安時代の初めにも大きな変化はありませんでした。

観音信仰の変化

ところが、このように現世利益中心の日本の観音信仰は、十世紀ころを境に、来世《らいせ》信仰の色彩を深めるようになります。平安時代の中ころにあたる十世紀は、大きな社会変動期でした。律令《りつりょう》制によって繁栄していた古代国家に、ようやく衰退の色が現われはじめ、藤原北家が天皇の外戚として、権を専らにして摂関《せっかん》政治をはじめます。摂関家をめぐる激しい権力争いの渦中で、没落する貴族があいつぎ、そうした失意の人々の間から、来世の浄土を求める信仰がめばえてきます。こうした古代仏教の大きな変化の流れの中で、観音信仰もその性格を変えて行くのです。

観音信仰の中心である『法華経』普門品は、数多い現世利益とともに、観音を念ずる人は輪廻する六道の中でも、特に苦しみ多い地獄・餓鬼・畜生など、悪趣を逃れることができると説いており、また独立した観音の経典としてはもっとも古いといわれる『請観音経』にも、観音は五道に遊び衆生を苦から離脱させると記しています。現世を輪廻無常の六道世界と考え、この苦をのがれて輪廻のない仏の悟りの世界である浄土に往生しようと願うのが浄土教ですから、もともと観音信仰には、現世利益だけでなく浄土教的な利益が含まれていたといえます。

十世紀の来世的な観音信仰の信者として、まず注目されるのは、菅原道真《すがわらのみちざね》です。道真は父母の影響で幼ないときから観音に帰依していましたが、はじめのころの信仰は、父母の追善と現世利益を願うものでした。ところが延喜元年（九〇一）、藤原氏のために右大臣から大《だ》宰権帥《ざいのごんのそち》に左遷されるころから、その信仰は深刻で来世的なものに変ります。大宰府で道真が詠じたいくつかの漢詩をみれば、道真は大宰府左遷こそ地獄の苦しみとしてとらえ、だれにも訴えるすべない、憂憤と老愁を観音を念ずることで、わずかになぐさめ、観音による来世の救いを真剣に模索していたようです。

道真にややおくれ、十世紀中ころ活躍した貴族政治家源兼明《みなもとのかねあきら》も、藤原氏によって政界を追放されますが、不遇の境にあって、「朝廷は私をすてて顧みないが、観音だけが救いの手をのべてくれる」と熱烈な観音への帰依の情を記しています。このように摂関《せっかん》体制に疎外された没落貴族たちの間から、来世的な観音信仰がめばえ、やがてそれは社会各層に広まって行きます。

六観音信仰

十世紀の来世的な観音信仰発達をもっともよく示すのは、六観音信仰の成立です。有名な平将門《たいらのまさかど》・藤原純友《ふじわらのすみとも》の乱が鎮圧されると、朝廷は戦没者慰霊法会を延暦寺で行ないましたが、その願文《がんもん》では、観音像六体を造り『法華経』六部を写し、観音が六道に迷う戦没者の霊を救うことを願っています。このように六体の観音によって六道に迷う人々の浄土往生を願う信仰のことを、六観音信仰とよびます。

六観音信仰のもとになる思想は、中国の天台大師智顗《ちぎ》が書いた『摩訶止観《まかしかん》』にでています。それによれば、地獄・餓鬼・畜生・修羅《しゅら》・人・天の六道の煩悩を破砕する観音は、それぞれ大悲《だいひ》・大慈《だいじ》・師子無畏《ししむい》・大光普照《だいこうふしょう》・天人丈夫《てんにんじょうぶ》・大梵深遠《だいぼんしんおん》という六つの観音だというのです。この教えに従って、十世紀の貴族たちの間では、六体の観音を造って来世の往生を願うことが流行しました。

こうした六観音信仰の隆盛に刺激され、密教の僧侶によって、『摩訶止観』に記す六つの観音は、実は密教の六つの観音が姿を変えたものだ、と説かれはじめました。その六つの観音とは、真言密教では、聖（正）観音・千手観音・馬頭観音・十一面観音・准胝《じゅんてい》観音・如意《にょい》輪《りん》観音、天台密教では、准胝の代りに不空羂索観音を入れたものです。『摩訶止観』の六観音が密教の観音の変化したものだという主張は、教義のうらづけに乏しいのですが、古くから耳に親しい密教の六つの観音の方が、人々に受け入れられ、十二世紀以後は六観音といえば密教の六体の観音をさすようになりました。こうした六観音信仰の発達によって、いままで現世利益中心であった密教の変化観音も、六道の苦を救い、衆生を浄土に導く来世的信仰の性格も帯びるようになり、観音は現当二世の利益を兼ねる菩薩として人々の尊崇の的となるのです（六観音の項も参照）。

「石山寺縁起絵巻」にみる貴族の参詣

観音霊場

現当二世の利益を兼ねそなえる観音への貴族たちの帰依は、観音霊場への参詣をうながしました。もともと律令《りつりょう》国家の鎮護《ちんご》国家《こっか》の祈禱は国分寺《こくぶんじ》を中心に行なわれていましたが、九世紀の中ころになると、国分寺制は衰退し、山林仏教の色彩の強い平安仏教の影響もあり、古くからの寺の格式にとらわれず、「霊験寺院《れいげんじいん》」とよばれる寺々が進出してきます。そうした霊験寺院の中には、長谷《はせ》寺、壺阪《つぼさか》寺はじめ観音を本尊とする寺の名が多くみえますが、十世紀に入ると、これら寺院に観音の霊験を求めて貴族の参詣があいつぐようになります。寺院側は、衰えた律令国家に代る庇護者として、荘園により富裕となった上流貴族の参詣を期待し、大いに本尊観音の霊験を宣伝しました。

十世紀の末の『枕草子』や十一世紀なかばの『更級日記《さらしな》』によると、当時の貴族たちが好んで参詣した観音寺院は、京都周辺では石山・清水《きよみず》・鞍馬、やや離れて長谷・壺坂・粉河《こかわ》などでした。

たとえば石山寺は、京都に比較的近くて参詣が容易なため、女性の参詣が盛んでした。右大将道綱《みちつな》の母が、夫兼家《かねいえ》に愛人ができたことをなげいて石山詣でを決心し、夜、御堂にのって涙ながらに観音に悩みごとをかきくどき、そのままどろんでしまう『かげろう日記』の一節は、閉鎖的な貴族社会に生きる悩み多い女性たちの観音信仰をしのばせるものです。

長谷寺は、京都から遠いため女性の参詣は容易でありませんでしたが、それでも寺が宣伝する本尊十一面観音の霊験をしたって、参詣する人は少なくなかったようです。紫式部は、『源氏物語』で、「初瀬《はつせ》（長谷）こそ日本国で霊験あらたかな寺で、その名は中国まで知られている」と参詣を勧められた玉鬘《たまかずら》が、長い道のりを歩いてやっとたどりついたときには、手足も動かず生きた心地もしないほどであった、と描いています。

聖と観音霊場

ところで平安時代の末になりますと、末法到来の危機感の下で、世俗化した大寺院を去って草庵にこもり、厳しい修行や布教活動にはげむ僧侶がふえてきました。こうした教団を離脱した僧は聖《ひじり》とよばれ、大寺院に対して彼らの集う草庵は別所《べっしょ》とよばれました。聖たちは、貴族化した大寺院の僧に対し、清貧と信仰の純粋性を強調し、人々の尊敬の的となりました。

平安末期の民間歌謡を集めた『梁塵秘抄《りょうじんひしょう》』は、「聖《ひじり》の住所《すまい》はどこどこぞ……」と、聖たちが好んで集まった名山霊窟の名をたくさんあげていますが、そうした「聖《ひじり》の住所《すまい》」の中に箕《みの》面《お》・勝尾《かちお》・書写山《しょしゃざん》・熊野那智・粉河《こかわ》など、多くの観音霊場が含まれており、この他にも「聖の住所」としての観音霊場は、各地に数多く形成されました。別所に集う聖たちは、形式化した貴族仏教に批判的な、熱烈な浄土教家が多かったので、来世救済の菩薩としての色彩を深めた観音を本尊とする霊場は、彼らの修行・布教の場としてふさわしかったということもできるでしょう。

霊場巡礼

こうして十一世紀から十二世紀には、各地の観音霊場に、本尊観音の利益にあずかるとともに、念仏聖の講会《こうえ》説法《せっぽう》を聴聞《ちょうもん》し結縁《けちえん》することによって、浄土往生や現世安穏の願いをとげようとする人々が参詣しました。一方、民衆の仏道結縁の媒介となる聖たちは、諸国の名山霊窟をめぐって験力をたかめましたが、そうした諸国霊場――聖の住所《すまい》――をめぐり修行することが、当時「巡礼《じゅんれい》」とよばれました。たとえば『法華験記《ほっけげんき》』という当時の説話集は、二荒《ふたら》（日光）・慈光など諸国諸山を巡礼した法空聖人、熊野・志賀・長谷など日本国中一切の霊所を巡礼した蓮長法師、あちこちの霊験勝地を巡礼した道命阿闍梨《どうみょうあじゃり》など、聖の巡礼の話を数多く記しています。このことは、いわゆる西国三十三所の観音霊場巡礼が、いつごろどのようにして始まったかを考える上で、有力な暗示を与えてくれるように思われます。

三十三所巡礼のはじまり

西国三十三所巡礼については、十世紀の花山《かざん》法皇がはじめたという伝説が広く知られています。しかし花山法皇が、皇位を退いた後に書写《しょしゃ》山や熊野に参詣したのは事実ですが、三十三所の観音霊場を巡礼したと記す確実な十世紀当時の史料はなにもありません。花山法皇が三十三所を巡礼したという説は、室町時代（十五世紀）の五山の禅僧たちが書いた『竹居清事《ちっきょせいじ》』『天陰語録《てんいんごろく》』といった本に、はじめて現われるのです。しかも三十三所の霊場の中には、花山法皇が死んだ後にできた寺が少なくありませんから、花山法皇が西国三十三所巡礼をはじめたなどとは、全く信ずることができないでしょう。

つぎに十三世紀の初めにできた、三井寺（園城寺《おんじょうじ》）の僧の伝記を集めた『寺門高僧記《じもんこうそうき》』という本に、行尊《ぎょうそん》という僧と覚忠《かくちゅう》という僧がそれぞれ記したという二つの「三十三所巡礼記」を収めています。しかし行尊の「巡礼記」をみると、行尊が死んだのは長承四年（一一三五）なのに、二十五番霊場観音寺の説明の文の中に永暦元年（一一六〇）にできた今熊野《いまくまの》という社名を記しています。したがって私は、この「巡礼記」は後世の作で、行尊が書いたものではないだろうと考えています。

つぎに覚忠の「巡礼記」は、「応保元年（一一六一）正月、三十三所を巡礼してこれを記す」として、熊野の那智から御室戸まで、巡礼した三十三所を列挙しています。覚忠の没後わずか九年で文治二年（一一八六）に編纂された『千載和歌集《せんざい》』に、「三十三所の観音を拝もうとして参詣したときによんだ歌」と題して、美濃谷汲《たにくみ》寺と丹波穴穂《あなう》（穴太）寺についての覚忠の歌が収められていますから、応保元年（一一六一）に覚忠が西国三十三所を巡礼したのは、おそらく事実でしょう。それに覚忠の「巡礼記」は、熊野の那智にはじまり、宇治の御室戸で終っていますが、熊野はかつて三井寺の増誉《ぞうよ》が熊野三山検校《けんぎょう》に任じられて以来、三井寺修験と縁が深く、また御室戸も三井寺の末寺で、かつて覚忠自身が住んでいた寺でした。つまり那智にはじまり御室戸に終るこの巡礼コースは、三井寺ことに覚忠と縁深いものがあり、この点からも覚忠がこのコースで三十三所を巡礼したというのは信じてよかろうと思うのです。

覚忠は有名な九条兼実《くじょうかねざね》と慈円《じえん》の異母兄弟で、五代の天皇の護持僧《ごじそう》をつとめた名僧です。また大峰《おおみね》熊野をはじめ諸国霊山をめぐり歩いた当代随一の修験者でもありました。覚忠は、当時の多くの聖・修験者の巡礼の風潮にならい、観音が衆生救済のために変化する三十三身にちなみ（三十三観音の項参照）、三十三ヵ所の観音霊場をえらんで巡礼したのでしょう。しかし修験者としての覚忠の名声、ことに修験道における寺門本山派《じもんほんざんは》の形成とその絶大な権威により、後世の修験者たちは覚忠の巡礼を先例として尊重するようになり、三十三所の霊場は、今日まで変化なく固定して続いているのです。

「三十二番歌合」にみる中世の巡礼

巡礼の大衆化

こうして平安末期に成立した三十三所巡礼は、その後どのように発展したでしょうか。十四世紀末の『太《たい》平記《へいき》』は、山伏に身をやつした大塔宮護良《もりなが》親王の一行が「われわれは三重《みえ》の滝に七日間うたれ、那智に千日籠って、三十三所巡礼のため参上した山伏である」といって里人を信用させた話を記しています。そのころは三十三所巡礼といえば、まだ山伏など修験者の難行苦行の代名詞のように理解され、一般民衆が参加するなど思いもよらなかったのでしょう。

しかし、こうした三十三所巡礼の性格は、十五世紀中ころになって大きく変化しました。京都五山の僧慧鳳《えほう》は『竹居清事《ちっきょせいじ》』という本に、「永享《えいきょう》のころ（一四二九～三〇年）になり、巡礼の人々が道にあいつぐようになった」と記し、同じく龍沢《りゅうたく》も『天陰語録《てんいんごろく》』で、「巡礼の人々は村にあふれ里に満ち、みな背に布をはり、三十三所巡礼某国某里と書いている。巡礼は花山法皇にはじまるというが、今年明応八年（一四九九）になって、ますます盛んである」と記しています。また寿桂《じゅけい》（?～一五三三）の『幻雲稿《げんうんこう》』には、「武士や庶民で仏に帰依するものは、一度でも三十三所巡礼をしなければ一生の恥と考えている」とあります。こうした五山の僧の記述によれば、十五世紀中ころを境に、いままでの修験山伏中心の三十三

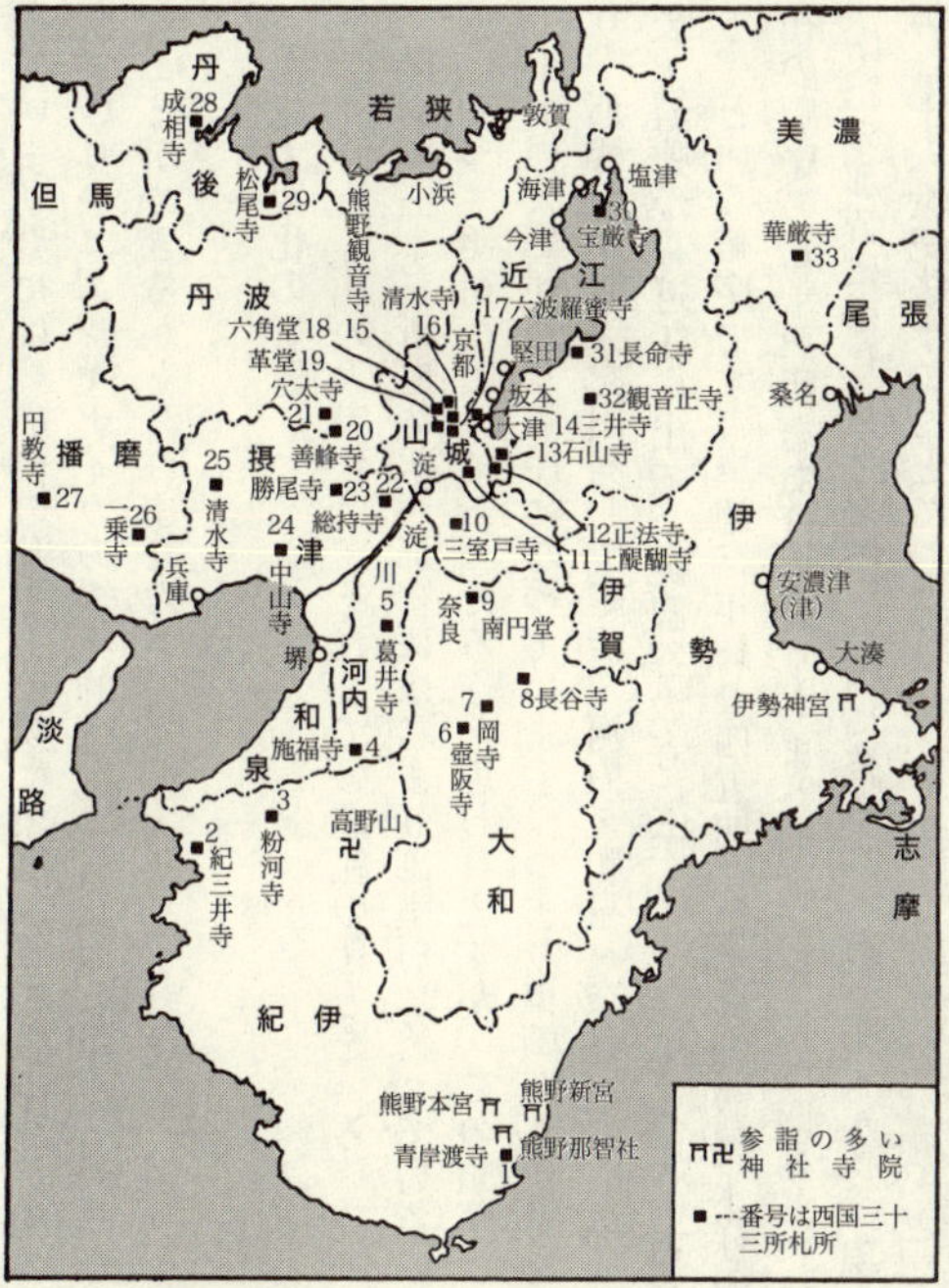

西国三十三所札所

所巡礼は変化し、巡礼の大衆化とでもよぶべき現象がおこってきたのです。

どうしてこの時期に巡礼の大衆化——巡礼参加者の急増——が行なわれたのか、その理由を臆測すれば、一つには、郷村制《ごうそんせい》という新しい自治的村落形成を背景とする民衆の経済的向上、いま一つには、応仁の乱や土一揆に象徴される戦国移行期の社会不安の下で、幕末のお蔭《かげ》まいりやエエジャナイカの爆発的流行にも類似した、一時的な社会離脱行為の流行と考えることができるかもしれません。

巡礼大衆化の影響

こうした巡礼の大衆化は、それまでの巡礼の仕方をいろいろの面で変化させました。最初の三十三所巡礼が、那智にはじまり御室戸に終っているのは、創始者である三井寺覚忠にとって便利な順序であったろうと思われますが、この順序はいつしか改められ、現在では東国の人に便利な順序になっています。つまり東国から伊勢神宮に参詣したのち熊野に入り、那智青岸渡寺《せいがんとじ》を出発して紀伊・河内・和泉・奈良から京に入り、丹波・摂津・播磨・丹後・若狭から近江に出て、美濃谷汲寺に至り、ここから中山道または東海道で東国にもどる、という順序です。享徳三年（一四五四）にできた飯尾永祥《いのおえいしょう》の『撮壌集《さつじょうしゅう》』をみると、現在の順序の三十三所をあげており、また明応八年（一四九九）にできた『天陰語録』にも「南紀の那智にはじまり東濃《とうのう》の谷汲《たにくみ》に終る」とありますから、現在の札所の順序が固定したのは十五世紀後半のことでしょう。

巡礼といいますと、だれもが思いうかべるのは巡礼歌です。巡礼歌は、修験的な巡礼がくずれ、女性も含む大衆が参加するようになった結果生まれたのでしょうが、国語学者などによれば、その成立は十六世紀初めのころのようです。

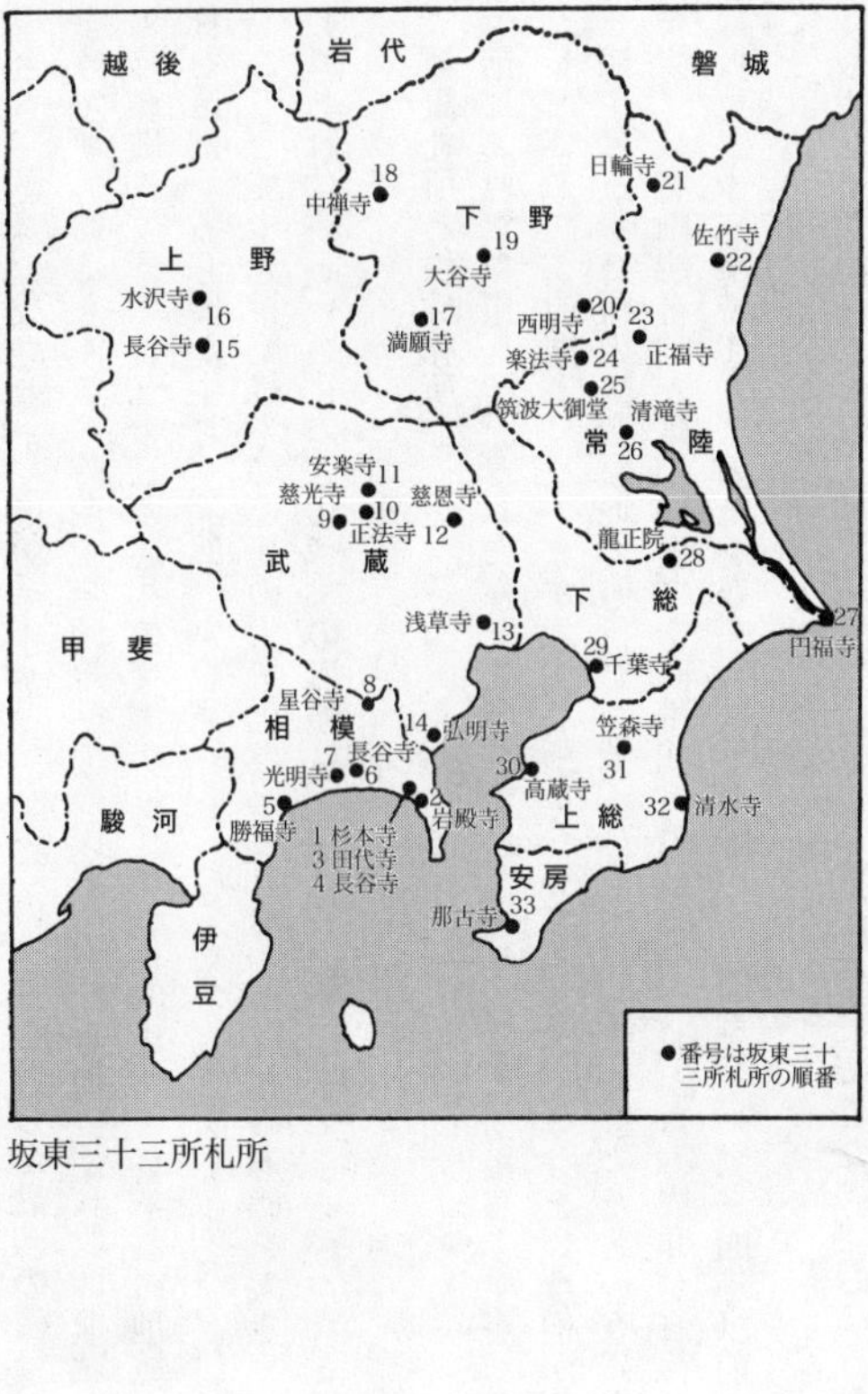

坂東三十三所札所

また、覚忠の「巡礼記」など初期の史料は、現在の西国三十三所を、ただ「三十三所」と記して「西国」の二字を加えていません。「西国」が冠せられた最初は、享徳三年成立の『竹居清事』が「西州《さいしゅう》三十三所巡礼」と記したものです。一方、後にふれる坂東《ばんどう》三十三所の場合も、霊場の成立は十三世紀ですが、「坂東」の二字を冠した最初の例は、十五世紀末のようです。おそらくこの時期、全国規模での民衆の巡礼参加により、各地域の閉鎖的な巡礼の枠が破れ、各地の三十三所巡礼の交流がはじまった結果、それぞれの地域の三十三所の名称を区別する必要が生じ、「西国」「坂東」「秩父」などの地域名が加えられたのでしょう。

こうして十五世紀後半の巡礼の大衆化は、それまでの巡礼の形態を大きく変化させ、今日われわれに親しい巡礼のさまざまの形態は、ほぼこの時期にできあがったと思われます。

坂東札所と秩父札所

前にふれた坂東札所、それに秩父札所について、年代的に前後しますが、その成立時期についてふれておきましょう。まず坂東札所についてみると、成弁《じょうべん》という僧が天福二年（一二三四）に三十三所の観音霊地で修行した際、八溝《やみぞ》山観音堂で造ったという観音像が残っています。八溝山観音堂とは、坂東二十一番札所の日輪寺ですから、成弁が修行した三十三所とは坂東三十三所です。ことばをかえれば、坂東三十三所は、一二三四年以前に成立していたことになります。

坂東三十三所は、もちろん西国三十三所巡礼の影響でできたのでしょうが、直接には、源《みなもとのよりとも》頼朝はじめ源氏将軍家の観音信仰が大きな役割を果しました。『吾妻鏡《あずまかがみ》』によれば、頼朝は、幼いころから、乳母が西国三十三所の一つ清水寺で得た銀製観音像を、守り本尊としてもとどりの中に入れており、この観音の利益で石橋山の危機を脱し、奥州藤原氏追討のときも大勝したといいます。

この結果、頼朝一家の観音への帰依は絶対的なものとなりました。建久六年（一一九五）、娘の大姫《おおひめ》を後鳥羽天皇の妃にしようと上洛したときには、頼朝・政子・大姫はつれだって、清水寺など京都の観音霊場を巡礼祈願しました。大姫が病に伏すと、坂東一番札所にあたる大蔵杉本坊、二番札所にあたる岩殿寺などで祈禱が行なわれました。さらに、京都文化にあこがれる三代将軍実朝《さねとも》は、十三世紀のはじめ、大勢の御家人をしたがえて、しばしば鎌倉周辺の観音霊場に参詣しました。こうした源氏将軍の熱心な観音信仰、さらに西国三十三所の中心三井寺と源氏の親密な関係なども背景に、西国三十三所にならった坂東の三十三所は、十三世紀前半に成立したものと推察されます。

東国で坂東三十三所と並んで有名なのは、秩父《ちちぶ》三十四所です。埼玉県般若《はんにゃ》山法性寺《ほうしょうじ》には長享二年（一四八八）づけの秩父札所番付がありますから、おそらく秩父巡礼は、十五世紀末に坂東巡礼の大衆化に刺激されて成立したと思われます。長享二年の番付によれば、秩父霊場は、はじめは三十三所として成立したのですが、十六世紀中ころになりますと、「秩父三十三所」という巡礼札にまじって「西国・坂東・秩父百所巡礼」と記した札が出てきて、三十四所になったことがうかがえます。それは観音霊場本来の三十三という数を無視して三十四に改めても、西国・坂東との一体性を強調しようとするもので、こうした百所巡礼の強調によって、秩父霊場は十六世紀末には全国に名を知られるようになります。

物集女の青年団の巡礼。昭和42年。（前田卓「巡礼の社会学」より）

地方霊場の拡大

このように、坂東霊場は西国霊場の、秩父霊場は坂東霊場の影響下に形成されたとはいえ、坂東霊場は武家政権の中心地に位置するという条件によって、秩父霊場は西国・坂東霊場との一体性強調によって、それぞれ地方性を打破し、全国的な尊崇を得ました。しかし、いわゆる三十三所は、これら有名な三霊場の他にも、全国に無数に形成されました。ことに江戸時代には、江戸三十三所、京都の洛陽三十三所はじめ、北は奥州から南は九州まで、百をこえる三十三所が成立しました。このような数多くの地方霊場形成は、西国三十三所を中核とする観音霊場信仰の底辺拡大、大衆化の進展を示すものといえます。

ことに江戸後期には、町人から上層農民まで、はば広い人々が巡礼に参加するようになり、秩父巡礼などは江戸町人のレクリエーション的な色彩もかねて、多い年には七、八万人の巡礼者を数えたといいます。こうして大衆化した巡礼とその風俗は、各地の民衆の信仰行事から、さらに日常生活にまで融合し一般的な習俗となった場合さえあります。

たとえば、巡礼参加が通過儀礼としての成人式的な意味を持つようになった場合として、京都向日町物集女《むこうまちもずめ》で、江戸時代以来近年まで行なわれていた風習をあげることができます。この地域では三年に一度、十七歳から二十一歳の若衆が、集団で西国三十三所巡礼を行なう慣習があり、これを無事すませることによって地域社会の成員として認められ、結婚の資格もできるのです。ともに巡礼に参加した若者たちは、以後も「同行《どうぎょう》」とよばれ、講を結び、死ぬまで兄弟のような付合いをするといいます。

こうした習俗化した例以外でも、各地の三十三所巡礼は、今日でも姿を変えながら、意外に多くの参加者を集めているのです。もちろんそこにレクリエーション的な一面があることも否定できませんが、現当二世にわたる観音の利益が、いまもなお日本人の仏教信仰において重要な位置を占めていることをうかがえるであろうと思います。

西国三十三所一覧

	覚忠巡礼記	現　在
1	那智山	那智山青岸渡寺
2	金剛宝寺	紀三井寺（金剛宝寺）
3	粉河寺	粉河寺
4	南法華寺	槇尾寺（施福寺）
5	竜蓋寺	藤井寺（剛林寺・葛井寺）
6	長谷寺	壺阪寺（南法華寺）
7	興福寺南円堂	岡寺（竜蓋寺）
8	施福寺	豊山初瀬寺（長谷寺）
9	剛林寺	興福寺南円堂
10	総持寺	三室戸寺（御室戸）
11	勝尾寺	上醍醐寺
12	仲山寺	岩間山正法寺
13	播磨清水寺	石山寺
14	播磨法華寺	三井寺（園城寺）
15	書写山	今熊野観音寺（東山観音寺）
16	成相寺	清水寺
17	松尾寺	六波羅蜜寺
18	竹生島	六角堂頂法寺
19	谷汲	革堂行願寺
20	観音正寺	西山善峰寺
21	長命寺	菩提山穴穂寺（穴太・穴憂）
22	三井寺如意輪堂	総持寺
23	石山寺	勝尾寺
24	岩間寺	中山寺（仲山寺）
25	上醍醐	新清水寺（播磨清水寺）
26	東山観音寺	法華山一乗寺（播磨法華寺）
27	六波羅蜜寺	書写山円教寺
28	清水寺	成相寺
29	六角堂	松尾寺
30	行願寺	竹生島宝厳寺
31	善峰寺	長命寺
32	菩提寺（穴憂）	観音正寺
33	御室戸山	谷汲山華厳寺

＊（　）の中には、寺院の別名あるいは「巡礼記」のどの寺名にあたるかを記した。

坂東三十三所・秩父三十四所一覧

	坂東三十三所	秩父三十四所 長享二年番付	秩父三十四所 現在
1	大蔵山杉本寺	定林寺	誦経山四万部寺
2	海雲山岩殿寺	蔵福寺	大棚山真福寺
3	祇園山田代寺	今宮	岩本山常泉寺
4	海光山長谷寺（長谷観音）	壇之下	高谷山金昌寺
5	飯泉山勝福寺	野坂堂	小川山長興寺（五閣堂）
6	飯上山長谷寺	岩井堂	向陽山卜雲寺（萩堂）
7	金目山光明寺	大淵庵	青苔山法長寺（牛伏）
8	妙法山星谷寺	橋立寺	清泰山西善寺（西禅寺）
9	都幾山慈光寺	篠戸	明星山明智寺（明地）
10	巌殿山正法寺	深谷寺	万松山大慈寺
11	岩殿山安楽寺	岩屋堂	南石山常楽寺（坂郡）
12	華林山慈恩寺	白山別所	仏道山野坂寺
13	金竜山浅草寺	西光寺	旗下山慈眼寺（壇之下）
14	瑞応山弘明寺	小鹿坂	長岳山今宮坊
15	白岩山長谷寺	般若岩殿	母巣山少林寺（蔵福寺）
16	五徳山水沢寺	鷲岩殿	無量山西光寺
17	出流山満願寺	小坂下	実正山定林寺
18	日光山中禅寺	童部堂	白道山神門寺
19	天開山大谷寺	谷之堂	飛淵山龍石寺（滝石寺）
20	独鈷山西明寺	岩上	法王山岩之上堂
21	八溝山日輪寺	滝石寺	要光山観音寺（谷之堂）
22	妙福山佐竹寺	神門	華台山永福寺（童部堂）
23	佐白山正福寺	岩本	松風山音楽寺（小鹿坂）
24	雨引山楽法寺	四万部	光智山法泉寺（白山別所）
25	筑波山大御堂	荒木	岩谷山久昌寺（岩屋堂）
26	南明山清滝寺	五閣堂	万松山円融寺（岩井堂）
27	飯沼山円福寺	大慈寺	竜河山大淵寺
28	滑河山龍正院	坂郡	石竜山橋立堂
29	海上山千葉寺	明地	笹戸山長泉院（篠戸）
30	平野山高倉（蔵）寺	萩堂	瑞竜山法雲寺（深谷）
31	大悲山笠森寺	西禅寺	鷲窟山観音院（鷲岩殿）
32	音羽山清水寺	牛伏	般若山法性寺（般若岩殿）
33	補陀落山那古寺	水込	延命山菊水寺
34			日沢山水潜寺（水込）

＊（　）の中には、寺院の別名、あるいは「番付」のどの寺名にあたるかを記した。

観音各論

聖《しょう》(正)観音

名称と意味

聖《しょう》観音は、いわば数ある観音の基本型で、一般にただ観音(アバロキティシュバラ)という場合は、この聖観音をさします。西暦紀元をそれほど下らないころ、インドで観音信仰が発生して以来、永い間、観音といえばこの形像しかありませんでした。しかし前にも述べたように、六、七世紀以後、十一面・千手などさまざまの変化観音が発生してくると、本来の観音の姿をこうした変化観音と区別する意味で、特に正観音とか聖観音・聖観自在とよぶようになったのです。

なお、聖観音の利益と尊の成立過程は、観音一般について前に述べた内容と重複するので省略します。

聖観音の形像

最初の観音の経典である『法華経』普門品(観音経)は、観音が衆生を救うために時・

処・相手に応じて三十三に身を変えることを説いていますが（三十三観音の項参照）、観音そのものがどのような姿なのかは、具体的に説明していません。観音の形像について詳しい記述の現われる最初は、五世紀中ころ漢訳された『観無量寿経《かんむりょうじゅきょう》』です。この経典は、思念を集中して無量寿仏（阿弥陀仏と同じ）の住む仏国土、すなわち極楽のありさまをはっきり心に描く（観想）ことを説いていますが、その中で、無量寿仏の姿・光明を観想し終ったら、つぎに観世音菩薩を観想せよ、として、その姿を細かく記しています。

それによれば観音は、身の丈八十万億百万由旬《ゆじゅん》（由旬はインドの里程、六町一里で、四十里とも十六里ともいいます）、頭の上に髪をたばねたもとどりのような肉髻《にくけい》があり、頭上の宝冠には仏の化身《けしん》である化仏《けぶつ》があると記しています。八世紀に漢訳された『補陀落海会儀軌《ふだらくかいえぎき》』が、この化仏は無量寿仏であるとして以来、観音が阿弥陀の脇侍であることにもより、観音の宝冠の化仏は阿弥陀であるというのが通説になりました。しかし『観無量寿経』は、化仏がなに仏か明言しておらず、化仏は阿弥陀仏ではなく、宇宙の真理である法を

聖観音。「別尊雑記」より

釈迦の姿で具象化したものだとする学者もあります。

いずれにしても、『観無量寿経』に説く観音の形像の最大の特徴は化仏であり、今日では化仏のある菩薩像を観音像とよぶのが常識化しています。しかし五世紀の北魏時代には、観音の銘があっても、単なる菩薩形《ぼさつぎょう》で化仏がみられず、勢至像などとも区別しがたい観音像がいくつもあります。またわが国でも、法隆寺夢殿救世観音像など、ごく初期の観音像は、山形の宝冠に化仏がついていません。わが国の化仏のある観音像としては、法隆寺の百済観音がもっとも古く、七世紀後半の作とされる四十八体仏の小金銅像がこれに続きます。このことは、中国でも日本でも、初期の聖観音像が形像の具体的説明がない『法華経』普門品によったため、特徴に乏しい菩薩形で表現され、ややおくれて『観無量寿経』の所説によるようになって、化仏などいわゆる観音像の特徴が現われてきたことを示しています。

また聖観音の持物は、水瓶または蓮華の場合が大部分ですが、夢殿救世観音や法隆寺小金銅仏のいくつかのように、宝珠を持するもの、あるいは手で天衣をとったり、半跏像で持物のない場合もあります。

観音の性別

こうした観音の形像と関連して、よく聞かれるのは、観音は男性か女性かという疑問です。『法華経』提婆《だいば》達多《だった》品《ほん》の、女の性《さが》として五つの障《さわり》ありとされた童女が、男子に変身して往生成仏した（転女成仏《てんにょじょうぶつ》・変成男子《へんじょうなんし》）話からもわかるように、仏教では、女性は生まれなが

救世観音像。法隆寺

らに罪深く、そのままでは仏の救いにもれるとする考えが強いのです。浄土教関係の経典でも、女性は男性に生まれかわって成仏するのであり、極楽には女人はいないと説いています。ですから、観音を示すアバロキティシュバラが男性単数名詞であり、経典で仏陀が観音に対し「善男子《ぜんなんし》よ」とよびかけていることをみても、観音が本来男性と考えられていたことは疑いありません。

しかし実際の形像をみますと、髭をそなえた男性的表現の像の一方で、優美な女性的表現の像も少なくありません。このように男女判別しがたい像が多いのは、インドや中国で観音像が形成される過程で、固有の女神信仰が重層したためともいわれますが、同時に、三十三身に示されるような、あらゆる身分性別に姿を変えて人々を救うという、観音の特性が反映しているとみることもできるでしょう。

十一面《じゅういちめん》観音

尊の成立

この尊の名前は、古代インドのサンスクリット（梵語）では、エーカーダシャムクハ（Ekadaśamukha）とよばれ、十一最勝とか十一面の意味とされ、一般に十一面観音と訳します。この尊は、インドで成立した最初の変化観音（三六頁参照）であり、また多面の形像の菩薩としても最初のものです。この尊の成立には、多くの顔や手を持つ、いわゆる多面多《ためんた》臂《ひ》の多いヒンドゥー教の影響が考えられます。ことに十一面多臂で千眼《せんがん》をそなえ、弓矢を持ち、荒《あら》ぶる神と治病神《じびょうしん》の二つを兼ねた十一荒神《じゅういちこうじん》（Ekadaśa-rudra）が仏教化されたのであろうといわれます。

ボンベイ北東のカーネリー（カンヘリー）石窟には、四臂の十一面観音像があります（二〇頁参照）。この像の年代については六世紀から八世紀ころまで学者によって説が分かれますが、現存するインド最古の十一面観音像とされています。

中国に十一面観音に関する経典が伝えられたのは、北周の耶舎崛多《やしゃくった》が五七〇年ころに漢訳した『十一面観世音神呪経』が最初です。十一面観音像としては、これと同時期とされる瓦に浮彫した甎像《せんぞう》が現存しますが、以後七世紀ころまで、中国での造像はあまり多くありません。しかし唐の時代に入ると、阿地瞿多《あじくた》訳の『十一面観世音神呪経』、玄奘《げんじょう》訳の『十一面神呪心経』、不空《ふくう》訳の『十一面観自在菩薩心蜜言念誦儀軌経』など、耶舎崛多訳本の同本異訳があいついで現われるとともに、十一面観音は中国で広く信仰されるようになります。

十一面観音像。「図像抄」より

尊の役割

十一面観音の利益は、前にあげた経典に数多く説かれていますが、なかでも十種勝利《じっしゅしょうり》（功徳）と四種果報《ししゅかほう》が有名です。十種勝利とは、財物衣服が充ち足り、病や刀杖火水の難を免れるといった十種類の現世利益、四種果報とは、命終るとき諸仏にまみえ地獄におちず、無量寿国に往生できるといった、四種類の来世の果報です。

形像の特徴

前にあげた諸経は、この尊の特徴である十一面について、本面の上に十面をならべ、それぞれの頂上に仏面を安置すると説いています。十面の面相は、不空の訳によれば、左三面が怒りの表情の威怒相《いどそう》、前三面が菩薩としての慈悲の表情の寂静相、右三面が、菩薩の面に牙をむき出している利牙上出相《りがじょうしゅつそう》、後一面が大笑の表情の笑怒相《しょうどそう》です。各面の意味については後にいろいろ説明されますが、要するに十方すべてを観照し、すべての衆生を済度するという観音の性格を強調具象化したものでしょう。ただ、現存の十一面観音像をみますと、造像の便宜上、各面の配置や大きさはさまざまですし、面の数も、本面と合せて十一面が普通ですが、本面の上に十一面（すなわち本面と合せれば十二面）を安置した像もあります。また蓮華と数珠を持つ二臂像が多いですが、四臂像の例もあり、持物や印もいろいろです。

信仰の伝来と発展

わが国最古の十一面観音像は、和歌山県の那智《なち》から発掘された白鳳《はくほう》時代（七世紀後半）と推定される像で、これはまた、わが国最古の変化観音像でもあります。ついで八世紀初めには、法隆寺金堂に十一面観音の壁画が描かれるのであり、わが国の場合も、数多い変化観音の信仰の中で十一面観音が一番古い歴史をもっているのです。

奈良時代になると、十一面観音関係の経典の写経が盛んに行なわれ、奈良時代の末に創建された西大寺には十一面堂が建てられ、同寺に安置された十一体の観音像の四体までが十一面観音であったことにも示されるように、数多い変化観音の中で十一面観音の信仰はことに盛んでした。

そうした奈良時代の十一面信仰を代表するのは、十一面悔過《けか》の流行です。悔過とは自分の罪を懺悔し果報を願うものですが、「お水取り」の名で有名な東大寺二月堂の十一面悔過は、東大寺権別当《ごんのべっとう》実忠の努力で、奈良時代の天平勝宝四年（七五二）以後、毎年二月に行なわれ、その伝統は今日まで続いています。この他にも、桓武天皇と皇后が奈良県子島《こじま》寺で毎年春秋に行なわれる十一面悔過を援助したり、紀伊国の村人が薬師寺の僧を招いて十一面悔過を行なった話なども伝えられており、奈良時代から平安時代にかけ、十一面悔過は天皇か

滋賀県向源寺の十一面観音像

ら庶民にいたるまで幅広い人々によって各地で盛んに行なわれたようです。今日に伝えられるお水取りの儀礼では、「南無《なむ》頂上《ちょうじょう》仏面《ぶつめん》除疫病《じょえきびょう》、南無《なむ》最上《さいじょう》仏面《ぶつめん》願満足《がんまんぞく》」と称えられており、こうした悔過をはじめとする奈良時代の十一面観音信仰は、除病など現世利益を主な祈願としていたと思われます。

平安時代には、国家の安穏を願って全国国分寺で、しばしば密教修法の十一面法が修され、また十一面観音は台密《たいみつ》・東密《とうみつ》六観音の一つとして重んじられる（六観音の項参照）など、その信仰はますます盛んとなりました。滋賀県向源寺《こうげんじ》の十一面観音像をはじめ、多くの優れた像が今に残っております。

不空羂索《ふくうけんじゃく（ふくうけんさく）》観音

尊の成立

この尊は梵語でアモガハ・パーシャ（Amogha-pāśa）といい、アモガハを不空《ふくう》、パーシャを羂索と訳します。不空とは、「心願空《むな》しからず」、つまりこの尊を信ずるなら願いはかなえられないことはないの意味であり、羂索とは、インドで戦いや猟に用いる、端に鐶のついた投げなわ状の罠《わな》で、この観音の他にも不動明王が持物としています。投じられた羂索から逃れられるものはないとされるところから、観音が慈悲の羂索をもって、もれることなくすべての人々を救い、その願いを満足させることを示しているのです。

この尊は、十一面観音についで成立したと考えられ、最初の経典は五八七年ころ闍那崛多《しゃなくった》が漢訳した『不空羂索呪経』です。その後不空羂索観音に関するさまざまの経典が訳されましたが、もっとも有名なのは、七〇九年ころ菩提流志《ぼだいるし》が訳した『不空羂索神変真言経《ふくうけんじゃくしんぺんしんごんきょう》』三十巻であり、以後この尊の信仰は大いに発達します。

不空羂索観音。「図像抄」より

尊の役割

『不空羂索神変真言経』は、観音が補陀落《ふだらく》山の宮殿で、過去に授かったという不空羂索心王母陀羅尼真言の功徳を説くことを述べています。この呪文を称える人は、現世で二十種の功徳、臨終に八種の利益を得るといいます。二十種の功徳とは、病なく財宝にめぐまれ、賊や悪鬼のおそれなく、他人にあがめられるなど、いろいろな現世利益、八種の利益とは、命終るときに苦しみなく、観音が僧の姿になって浄土に導いてくれるというものです。内容的には十一面観音の十種勝利・四種果報をそれぞれ倍増し、より詳しくしているといってもよく、この観音の信仰が十一面観音の信仰にひき続いて成立し、十一面観音よりもより強力な利益を有することを、強調しようとしていることがうかがえます。

さらに『不空羂索神変真言経』は、こうした個人的利益だけでなく、国土が乱れ反乱あるとき、この陀羅尼《だらに》を称えると国土一切の人民は安穏になると説いております。中国や日本で不空羂索観音が重んじられた大きな理由は、こうした鎮護国家的な利益にあったといってよいでしょう。

形像の特徴

経典などに説かれる不空羂索観音の形像は、一面四臂、三面四臂、三面六臂、三面十臂、十面十八臂、十一面三十二臂などまことに多様で、持物の相違も合せて考えれば、変化観音の中でもっとも形像の種類の多い観音といえるでしょう。わが国で普通みられるのは、一面三目八臂像です。これは『不空羂索神変真言経』巻一に、「不空羂索観音を大自在天のように画《えが》け」と記しており、大自在天は八臂像なので、これによって造られた形像であろうと考えられています。

信仰の伝来と発展

わが国に不空羂索観音の信仰がいつごろ伝わったかはっきりしませんが、奈良の正倉院などに残る写経の文書をみますと、すでに天平年間（七三〇年代）には、不空羂索関係の経典が盛んに写されています。また東大寺はじめ中央の官大寺《かんたいじ》に安置される変化観音像として、まず名の現われるのは不空羂索像で、奈良時代を通じて千手・十一面と並び、もっとも盛んに造られたようです。なかでも東大寺三月堂本尊の不空羂索像は、大仏造立に先立って、当時の官営工房の造東大寺司《ぞうとうだいじし》で漆と麻布を重ねた脱乾漆《だつかんしつ》という新技法で造られた、天平彫刻を

東大寺三月堂本尊。不空羂索観音像

代表する巨像として、あまりにも有名です。また今日には伝わりませんが、東大寺大仏殿には、聖武天皇と光明皇后のために織られた、高さ三十五尺、幅二十五尺の不空羂索観音の大織像がかけられておりました。

平安時代に入ると、藤原氏の守護神として、興福寺南円堂の不空羂索観音が尊崇されたことが有名ですが、一般の観音信仰としては、不空羂索の信仰はあまり発展しませんでした。十世紀ころ成立した六観音の信仰でも、天台宗は不空羂索をその一つに数えましたが、真言宗ではこれを除外しております（六観音の項参照）。その利益の性格からか、不空羂索観音はどちらかといえば国家的な信仰として出発したためでしょうか。平安末期以後は一般の人々の信仰としてはそれほど広がりをみせず、像の遺例も十一面観音や千手観音に比較すると、ずっと少ないようです。

千手観音《せんじゅかんのん》

尊の成立

この尊の名称は、千手千眼観世音、千臂千眼観世音、千臂観音、千光観音、千眼千首千舌千足千臂観自在など、経典によってさまざまですが、千手観音（サハスラブジャ・アバロキティシュバラ、Sahasrabhuja-avalokitasvara）というよび方が、最も広く用いられています。インドで十一面、不空羂索観音の後に成立したと考えられ、それまでの変化観音像の多面多臂の姿を考えられる限り発展させることで、観音の慈悲の力を最大限に強調しようとするものです。千というのは無限の数を示すものであり、その成立にあたっては、千の眼や千の手を持つとされた、シヴァ、ヴィシュヌ、インドラなど、インドの神々の影響も、当然あったものと思われます。

尊の役割

『千手千眼経』によると、この尊は、過去の世で、未来悪世の一切衆生を救うという「大悲心陀羅尼」を聞いて歓喜し、「一切衆生を利益し安楽ならしめるために、身に千手千眼を生ぜしめよ」と願い、千手千眼の姿となったということです。この願によって、千手観音は一千の慈眼で衆生をみつめ、一千の慈手で衆生を摂取するということで、数ある観音の中でも、その大悲力において冠絶すると讃えられ、唐の時代には特に「大悲観音」ともよばれました。また密教の曼荼羅では、観音諸尊を主に配列する部分を蓮華部（観音院）とよびますが、千手観音はこれら蓮華部諸尊の中で、最高の威徳を有するということで、「蓮華王」とも称します。千手観音を安置する京都の三十三間堂が正式には蓮華王院とよばれるのは、このためです。このように成立過程や異称から考えれば、いわば変化観音の多様な徳が、この一尊に結集しているとみることもできるでしょう。

千手観音。「図像抄」より

形像の特徴

この尊の形像は、きわめて多様です。経典によれば、千眼・千首・千舌・千足・千手といった表現が必要になりますが、実際の造像の上では困難です。多くみられるのは十一面千手、その千手の掌にそれぞれ一眼を有する形です。それも、はじめは奈良の唐招提寺像のように、実際に千本の手を造りましたが、後には、中央の二臂の他に左右各二十手、合計四十手（中央を合せれば四十二手）に省略する像が普通になりました。仏教の世界観では、われわれが輪廻《りんね》する地獄から天上までの六道《りくどう》世界は二十五に分けられますが、四十手が慈悲をもって、それぞれ二十五有界の衆生を救うと考えれば、四十手に二十五をかけた数、すなわち千手と同じことになるというのです。さらにこれら四十手は、それぞれ利益を象徴する、異なる持物が定まっています。また千手観音を信じ礼拝する行者を擁護するものとして、二十八の護法神があり、これを千手観音二十八部衆とよびます。三十三間堂の二十八部衆がもっとも有名ですが、その尊名や形像は、経典によって多少の相違があります。

信仰の伝来と発展

千手観音が唐に最初に伝えられたのは七世紀初めですが、七世紀中ころの貞観《じょうがん》年間に『千《せん》眼《がん》千《せん》臂《ぴ》観世音菩薩陀羅尼神呪経』が漢訳された後、関係経典の漢訳があいつぎ、爆発的流行をみて、大悲観音と尊称されました。

こうした中国の千手観音信仰は、遣唐使に従って入唐した僧たちによって、日本に伝えられましたが、ことに有名なのは玄昉《げんぼう》の場合です。天平七年（七三五）唐から帰国した玄昉は、疫病流行など社会不安を背景に、その祈禱の験力によって朝廷の信任を得て、僧正となりました。彼は貴族たちの反感をかってやがて失脚しますが、その直前の天平十三年から十五年にかけて、仏法の興隆と擁護を願って『千手千眼経』一千巻の書写を行ないます。宮中でようやく苦境にあった玄昉は、唐の信仰にならい、数ある観音の中でも威徳すぐれた千手観音に深く期待したのでしょうか。

玄昉以後、千手観音の造像は盛んになったらしく、千手観音を本尊とする千手堂・千手千眼堂などの名が記録の上にあらわれはじめます。河内国葛井寺《ふじいでら》の本尊千手観音は、脱乾漆造《だつかんしつ》で、現存する天平期千手観音像の代表作です。さらに千手信仰の発達に力のあったのは唐僧鑑真《がんじん》です。天平勝宝六年（七五四）、鑑真は来朝して戒律を伝えましたが、その際、唐から千手観音像も舶載《はくさい》しました。彼は千手観音に帰依していたのか、唐招提寺金堂の本尊にも千手観音像を安置しました。

こうして奈良時代の末には、東大寺で十一面悔過（六九頁参照）と並んで千手千眼悔過が

葛井寺千手観音像

行なわれたり、奈良の貧しい女が穂積寺《ほづみでら》の千手院の千手観音に祈って富を得たという『日本霊異記《にほんりょういき》』の説話にうかがえるように、千手信仰は貴族から民衆の間まで広まりました。平安時代には、千手観音の信仰は、天台宗・真言宗の密教と結んでますます盛んになり、『梁塵秘抄』によると、「万《よろず》の仏の願よりも千手の誓ひぞ頼もしき」と歌われたほどでした。長寛二年（一一六四）、後白河上皇の命によって、平清盛が一千一体の千手千眼観音像を安置した蓮華王院三十三間堂は、平家の富威とともに、当時の千手信仰の盛大さを伝えております。同じころにはじまって今日まで続いている西国三十三所巡礼でも、千手観音を本尊とする霊場は半数近い十五もあり、わが国の観音信仰の中で千手信仰がいかに大きな比重を占めていたかがうかがえます。

馬頭観音《ばとうかんのん》

尊の成立

この尊は、梵名がハヤグリーヴァ（Hayagrīva）、頭上に馬頭をいただくところから普通馬頭《ばとう》観音とよびますが、馬頭《めず》明王・馬頭大士、あるいは梵名の意を訳して大力持明王、またその怒りの形相から忿怒《ふんぬ》持《じ》明王ともよばれます。七世紀中ころ漢訳された『陀羅《だら》尼集経《にじっきょう》』にその名が現われますが、その後、独立した経典としては『聖賀野《しょうはや》紇哩《ぐり》縛《ば》大威怒王立成大神験供養念誦儀軌法品』が漢訳されただけで、経典漢訳が比較的おそく数も少ないことが、この尊の特徴ともいえます。古代インドでは、悪蛇を対治するパイドヴァ、太陽の車を動かすエータシャはじめ、馬神の信仰が強く、またヴィシュヌが馬頭に化身して梵天の仇をむくいたという話もあります。こうした馬の神格化や馬頭の威力の信仰が、馬頭観音を成立させたと思われます。

尊の役割

この尊は、そのすさまじい忿怒の形相から、慈悲《じひ》を本誓とする観音、さらには菩薩としてふさわしくなく、むしろ悪を破し仏法を護る明王の一つと考えられる場合もあったようです。「馬頭明王」はじめ、しばしば明王の称がこの尊に付されるのは、そのあらわれです。

馬頭観音。「図像抄」より

しかし観音菩薩は、十一面観音が慈悲の面相だけでなく、怒りの面相もそなえていることでもわかるように、慈悲《じひ》方便《ほうべん》として怒りや力の面も兼ねており、馬頭観音はそうした観音の性格の一面を、特に強調したものと考えることもできます。

前にあげた儀軌の説くところによれば、この尊は、忿怒の相によってさまざまの魔障《ましょう》をくだき、日輪《にちりん》となって衆生の暗を照し、悪趣の苦悩を断念することを本願とします。後には、馬頭を戴くところから、六道の中の畜生道をつかさどるとされ、特に馬など畜類擁護の菩薩とされるようになりました。

形像の特徴

この尊の形像は、三面二臂・三面四臂・三面八臂・四面八臂・四面二臂・一面二臂などさまざまです。また、馬頭観音といっても、『陀羅尼集経』によると、頂上に馬頭を安置する像と並んで、馬頭がなく忿怒相ともいえないような像容もあります。しかし、われわれが一般に考える馬頭観音は、馬頭忿怒の像です。例えば有名な筑紫《つくし》観世《かんぜ》音寺《おんじ》の馬頭観音は、四面八臂、頭髪は螺焔のようで牙をむいて忿怒の相をなし、金剛棒や、斧・鋭刃など武器を手に持っています。

信仰の伝来と発展

馬頭観音の信仰は、その異様な馬頭を戴く忿怒相のためか、わが国ではなじみ薄く、あまり発達しませんでした。史料の上で確認できる最初の造像は、奈良時代の末に西大寺に安置

観世音寺馬頭観音立像

されたという像ですが、今日に伝わらず、わずかに大安寺に伝わる馬頭観音と称する忿怒像が、奈良時代の遺作とされます。平安時代に入っても、六観音の一つとして造像されることはあっても独立した信仰の対象とされることは少なく、筑紫観世音寺の他には、能登の豊財《ぶざい》院《いん》、京都の浄瑠璃寺《じょうるりじ》などに、わずかにみるだけです。西国三十三所で、馬頭観音を本尊とする霊場が丹後松尾寺ただ一寺ということも、この尊の信仰があまり発達しなかったことを示しています。近世以後は、民間信仰化し、馬など家畜の守護神という特殊な性格において、親しまれ信仰されるのが普通となりました。

如意輪観音《にょいりんかんのん》

尊の成立

この尊の梵名はチンタ・マニ・チャクラ（Cintā-maṇi-cakra）といいます。チンタは思惟・所願・願望、マニは宝珠、チャクラは円・輪の義ですから、すなわち如意宝珠法輪《にょいほうじゅほうりん》を意味し、これを簡訳して如意輪とよぶのです。仏教において古くからある、意のままに無数の珍宝を出すという如意宝珠の信仰に、煩悩《ぼんのう》を破する法輪の威力を加え、これを観音の性格に結びつけたものです。実叉難陀《じっしゃなんだ》によって、その経典がはじめて漢訳されたのが八世紀初頭であることから考えても、如意輪観音の成立年代は、主な変化観音の中では、もっともおそいと思われます。

尊の役割

如意宝珠法輪という尊名からわかるように、この観音は、すべて意のままになる如意宝珠の境地にあって、つねに法輪を転じて人々を摂化し、富や力や智恵を願いのままに授けるとされます。実叉難陀が訳した『如意輪陀羅尼神呪経』によると、如意輪観音の功徳は、世間の財、出世間の財という二種の財を満足させることであるとし、世間の財とは金銀などの宝、出世間の財とは福徳智慧であると説明しています。

如意輪観音。「図像抄」より

形像の特徴

二臂・四臂・六臂・十臂・十二臂などさまざまの形像がありますが、わが国では二臂像と六臂像が多く、大まかにいえば、二臂像は奈良時代に造られ、平安時代以後は六臂像が主流になります。どちらの場合も、立像よりも足をくずした坐像が多いのはこの観音像の特徴です。二臂像の場合、多くは蓮華と宝珠を持ちますが、中宮寺本尊弥勒像が、如意輪観音と誤り伝えられたことでもわかるように、岡寺・石山寺など

観心寺如意輪観音像

には二臂半跏《はんか》思惟《しゆい》の如意輪観音像があります。六臂像の場合は、有名な観心寺《かんしんじ》如意輪観音像のように、右第一手を頬にあてて、衆生救済の想いにふけり、第二手は如意宝珠、第三手は念珠を持ち、左第一手は坐っている光明山をおさえ、第二手は蓮華、第三手は法輪を持つのが普通です。

信仰の伝来と発展

さきにもふれたように中宮寺の本尊は、寺伝では如意輪観音とされますが、如意輪観音の経典がはじめて漢訳されたのは八世紀初頭ですから、七世紀前半の飛鳥時代にその信仰が日本に伝わっているはずはなく、これは弥勒半跏思惟像と考えるべきでしょう。奈良時代の天平年間（八世紀中ころ）になると、写経文書の中に「如意輪陀羅尼」の名がときどき出てきますが、『十一面神呪経』や『千手千眼経』にくらべると、はるかにおよびません。天平勝宝九年（七五七）に東大寺大仏殿にかけられた観音曼荼羅が、変化観音の名として十一面・千手千眼・馬頭・不空羂索の名をあげながら如意輪にふれていないことをみても、当時、如意輪観音は、あまりなじみのない存在であったと思われます。

しかし、このころ聖武天皇の病気をなおすため、如意輪陀羅尼をとなえた僧が賞されたのをみると、如意輪は新奇な観音として貴族たちの関心を集めはじめたようです。その後、道《どう》鏡《きょう》が葛城山《かつらぎさん》に籠って如意輪法を修し、その苦行ぶりが孝謙上皇《こうけんじょうこう》に認められて宮廷に入り、法王とまでなったのは有名な事実です。岡寺の如意輪観音像は道鏡の発願《ほっがん》と伝えられ、奈良時代の末には、如意輪観音の信仰は、ようやく盛んになってきます。

平安時代に入ると、天台宗でも真言宗でも、如意輪法は災害や病気を除く息災法《そくさいほう》として盛んに修《ず》されました。ことに真言宗では、十世紀ころから、如意輪の六臂は六観音に通じ、六つの手は六道のそれぞれの苦を除き、衆生を救う利益があると主張しはじめました。また十一世紀中ころから、天台宗では、天皇の息災を祈るときの三つの本尊の一つとして、観音の中で特に如意輪を重んじるようになりました。こうして如意輪観音は、一般の信仰対象よりも密教の秘法の本尊として重視され、艶麗な観心寺秘仏如意輪像をはじめ、数は少ないが、優れた作品が今日に伝えられています。

准胝《じゅんてい》観音

尊の成立

この尊は梵名チュンディ（Cundi）、准提あるいは准泥とも音訳されます。チュンディとは清浄の義で、心性清浄を讃える女性名詞であり、母性を象徴するものだと説く学者もいます。准胝仏母（Cuṇḍebhagavatī）、七倶胝仏母《しちぐていぶつぼ》（Saptakoṭibuddhamātṛ）、尊那仏母などともよばれます。その経典の中では観音の名が付されていないため、観音ではないとする説がありますが、真言宗の小野流《おのりゅう》では観音と認め、今日では観音の一つに数えるのが普通です。准胝の名は、すでに西暦六〇〇年ころ漢訳された『種々雑呪経』にみられますが、独立した経典としては六八〇年ころ訳された『七倶胝仏母心大准提陀羅尼経』が最初で、経典の数は多くありません。この観音は、他の変化観音が在来のインドの神の仏教化によって成立した場合が多いのに対し、次の項に述べるように、過去仏という仏教思想を土台にしているところに、特徴があるといえます。

尊の役割

この尊の名称にあらわれる倶胝《ぐてい》とは、千万あるいは億をさす古代インドの数単位で、七倶胝とは無量無限大の意味と考えてよいでしょう。准胝に関する経典は、未来に生まれる衆生をあわれんで、過去七倶胝仏が悟りを得るため称えて験あった「仏母准胝陀羅尼」を説く、といった内容です。すなわち七倶胝仏母とは、過去無量仏の称えた陀羅尼を司る過去無量仏の母であり、この陀羅尼をとなえる行者を守護するのです。この陀羅尼は悟りを得ることを目的とするものですから、この尊の利益はどうしても抽象的になります。後に真言宗では、さまざまな息災の利益を付加して説きましたが、准胝は他の変化観音ほどには、一般の信仰対象となりませんでした。

准胝観音。「別尊雑記」より

形像の特徴

この尊の形像についてはいくつか説がありますが、わが国に現存する像は、すべて一面三目十八臂の像です。すなわち面に三つの目があり、三手は印をむすび他の十五手はそれぞれ持物をとります。

信仰の伝来と発展

准胝観音の経典は、すでに奈良時代の天平年間（八世紀中ころ）には伝わっていましたが、奈良時代に准胝が造像された形跡は、全くありません。平安時代に入り、貞観十八年（八七六）、真言宗の僧で修験道の上でも有名な聖宝《しょうぼう》（八三二〜九〇九）が醍醐《だいご》寺を創建したとき、まず准胝堂を建てて准胝・如意輪の両観音を本尊としたというのが、准胝造像に関する最初の確実な史料です。この他、聖宝には、准胝法を修して村上天皇の誕生を祈ったという有名な伝承もあります。これは、村上天皇の誕生が聖宝の没後なので信用できませんが、わが国の准胝信仰が聖宝以後、醍醐寺を中心に発達したことは疑いありません。

密教の祈禱は平安貴族と結んで発達し、十一世紀以後、さまざまの流派が生まれました。天台宗の密教（台密《たいみつ》）は、まず山門《さんもん》（延暦寺）と寺門《じもん》（園城寺《おんじようじ》＝三井寺《みいでら》）に分かれて、さらに十三派となり、真言宗の密教（東密《とうみつ》）は、仁和寺《にんなじ》を中心とする広沢流《ひろさわりゆう》と醍醐寺を中心とする小野流の二つの大きな流れから十二流三十六派に分かれました。これら各流派は、それぞれ自分の流派の祈禱が他流と異なりすぐれていることを主張しあいました。准胝の場合、台密と東密広沢流は、これは仏母であって観音ではないとし、六観音の中にも加えません。これに対し小野流は、醍醐寺開祖聖宝の信仰にならい、准胝は観音であるとして六観音の一つに数えます。聖宝が准胝に帰依したのは、おそらく悟りを求める修行者を守護するという、准胝の利益に注目したからでしょう。しかしこうした利益だけでは一般の信仰を得ることはできないので、小野流では時代が下るにつれて、もっぱら求児・安産の祈禱として強調するようになりましたが、他の観音の信仰ほどには盛んにならなかったようです。

六観音《ろっかんのん》

七観音と六観音

観音の信仰で、古くから七観音とか六観音とよばれるものがあります。観音は、その無限の徳を現わし衆生を救うために、いろいろの姿に変化《へんげ》しますが、いままで述べたところの、基本である聖（正）観音と、十一面・不空羂索・千手・馬頭・如意輪・准胝の六つの変化観音が、もっとも代表的な姿なので、これを合わせて七観音とよびます。

これら七つの代表的観音の中から六つをくみ合わせて信仰するのが、六観音信仰とよばれるものです。なぜ特に「六」という数字がえらばれたかといえば、六体の観音で六道《ろくどう（りくどう）》の衆生を救うという意味がこめられているからです。六道とは、われわれが過去・現在の善悪業の結果として輪廻転生《りんねてんしょう》するところの六つの世界――地獄《じごく》・餓鬼《がき》・畜生《ちくしょう》・修羅《しゅら》・人《にん》・天《てん》――であり、こうした有為転変《ういてんぺん》の六つの世界を脱して、輪廻のない仏の世界である浄土に往生しようと願うところに、日本の浄土教は発達しました。ですから六観音の信仰の成立は、十世紀ころを境に盛んになってくる浄土教、ことに観音信仰の来世信仰化の動き（四四頁参照）と切りはなして考えることはできないのです。

天台の六観音

六観音信仰のもとになる思想は、六世紀の中国の天台大師智顗《ちぎ》が書いた『摩訶止観《まかしかん》』に出てきます。四種三昧《ししゅざんまい》、つまり心を一つの対象に集中し、正しい智慧を得るための四種類の実践方法の中で、第四番目の非行非坐《ひぎょうひざ》三昧の方法を説明するのに『請観音経《しょうかんのん》』の六字章句陀羅尼《ろくじのしょうくだらに》を引用して、つぎのように述べています。

六字章句陀羅尼は煩悩の障《さわ》りを破し、三毒根を浄くし、成仏すること疑いない。その六字とは、六観世音のことで、六道の三障を破するのである。

そして、地獄・餓鬼・畜生・修羅・人・天の六道の障りをそれぞれ破砕する観音として、大悲・大慈・師子無畏《ししむい》・大光普照《だいこうふしょう》・天人丈夫《てんにんじょうぶ》・大梵深遠《だいぼんしんおん》の六つの名をあげています。『摩訶止観』は天台宗で古くから重んじられていましたが、この六観音の信仰は、当初はほとんど問題にされませんでした。しかし中国では、十世紀の宋の時代に六観音の信仰がおこり、日本でも同じころ、六道輪廻や地獄の恐怖が盛んに説かれて浄土の信仰が発達すると、六道抜苦の六観音信仰は、天台教団から貴族社会へと急速に広まりました。

六観音の造像は、延喜十年（九一〇）に天台座主相応《そうおう》が、六道衆生を極楽に導こうと造ったのに始まり、やがて承平・天慶の乱（将門・純友の乱）の慰霊法会でも造られたように（四五頁参照）貴族社会に広まりました。天暦三年（九四九）に没した醍醐天皇の更衣《こうい》藤原淑姫の観音寺、天暦八年（九五四）に供養された法性寺などには、六道衆生抜苦のため、大悲はじめ六観音が造像されました。また藤原兼家《かねいえ》が源信《げんしん》の師の良源《りょうげん》と建立した延暦寺恵心院《えしんいん》の講堂にも、金色の六観音像が安置されていたと伝えられます。これら『摩訶止観』によった天台の六観音像が、どのような形像であったのかはっきりしませんが、断片的な史料から考えると、正観音を六体ならべたもので、大悲・大慈……などよび方はちがっても、その形像はみな同じであったと思われます。

真言の六観音

六観音の造像がもっとも華やかに行なわれたのは、「この世をばわが世とぞ思う」と豪語した、関白《かんぱく》藤原道長《みちなが》による法成寺《ほうじょうじ》薬師堂の六観音供養でしょう。治安三年（一〇二三）、七仏薬師・日光・月光・六観音、計十五体の丈六《じょうろく》金色像が堂に安置され、その荘厳なさまは「ことごとく十方の浄土を移す」と讃えられたほどでした。ところでこのときの六観音像は、それまでの『摩訶止観』の六観音ではなく、正・千手・馬頭・十一面・准胝・如意輪の六体の観音でした。なぜこれら六体の観音が、六道を救う六観音とされたかについて、後に新義真言宗の学僧頼瑜《らいゆ》は、その著『秘鈔問答』の中で説明しています。それによると、道長が、この六観音の形像をどのようにしたらよいかと、祈雨などの験力で有名な真言宗の小野

僧正仁海《にんがい》にたずねたところ、仁海は「注進文」を進め、

大慈観音は正観音の変化したもので地獄道を救う。大悲観音は千手観音の変化したもので餓鬼道を救う。師子無畏観音は馬頭観音の変化したもので畜生道を救う。大光普照観音は十一面観音の変化したもので阿修羅道を救う。天人丈夫観音は准胝母の変化したもので人道を救う。大梵深遠観音は如意輪観音の変化したもので天道を救う。

といった内容を述べたというのです。大慈など天台の六観音に対し、仁海があげた正・千手・馬頭・十一面・准胝・如意輪は、一般に真言六観音とよばれます。仁海がこのような説を述べたことは、延久二年（一〇七〇）ころ書かれた良祐の『三昧流口伝集《さんまいりゅうくでんしゅう》』にもみえますから、まちがいないでしょう。要するに仁海の主張は、従来天台宗で説かれた『摩訶止観』による大慈などの六観音とは、実は真言宗など密教で重んじる正・千手など六体の観音がそれぞれに変化《へんげ》したものだというのです。それは言葉をかえると、真言六観音が天台六観音の本地で、六道の苦を抜《すく》い衆生を浄土へ導く功徳は、もともと真言の六観音が持っている功徳だということになるでしょう。法成寺の六観音像は、この考えに従って、正・千手などの形像で造られることになったのです。

十三世紀に現われた天台教学の大家宝地房証真《ほうちぼうしょうしん》は、この仁海の説はなんの教義的根拠もなく、真言宗が勝手に天台の六観音に密教の観音を結びつけたものだと批判しています。証真

の批判は正しいと思われますが、こうして真言六観音が成立した背景には、現世利益信仰から来世信仰へという、この時代の観音信仰の変化の流れが考えられるのではないでしょうか。十世紀初めまでの真言宗の観音信仰は、現世利益を主とする信仰でした。しかし十世紀になって浄土教が貴族社会に広まると、現世利益の強調だけでは、貴族たちの欲求を完全に満たすことができず、なんらかの来世信仰としての性格を加える必要が生じてきます。その場合、もっとも有効な方法は、六道抜苦の菩薩として、当時の貴族社会に急速に広まってきた天台宗の六観音に密教の観音を結びつけ、天台『摩訶止観』の六観音は、真言密教の観音の変化したものにすぎないと説くことだったと思われます。

六観音信仰の変化

真言六観音が成立し、密教の観音にも六道衆生を浄土に導く利益があるということになると、貴族たちにとってあまりなじみのない『摩訶止観』の六観音よりも、古くから親しみのある密教の観音をくみあわせた真言六観音の方が人気を得るのは当然でしょう。こうして十一世紀の末になると、貴族社会で六観音といえば、大慈・大悲……などの観音ではなく、正・千手……といった、密教の観音の信仰をさすようになってしまいました。天台宗でも、こうした真言密教（東密）の六観音に対し、天台密教（台密）の立場から、正・千手・馬頭・十一面・不空羂索・如意輪という、新しい六観音を説くようになりました。真言六観音が准胝を観音と考える東密小野流で形成されたのに対し、台密では准胝は観音でないと考えるので、これを除き、不空羂索を入れただけのちがいです。両者を合わせれば、結局は代表的な七つの観音がすべて含まれたことになります。

今日残る六観音像で有名なのは、京都大報恩寺（千本釈迦堂）のもので、鎌倉時代の貞応三年（一二二四）の作です。准胝を含む東密系の六観音で、六体欠けることなくそろって伝えられためずらしい例です。

さて、このように六観音が、天台宗・真言宗を問わず密教の観音になってしまうと、六観音ないし七観音には、来世の救済よりも密教の観音が本来持っている現世の利益を祈願する方がふえてきました。十一世紀以後、六観音は来世の祈禱よりも、現世利益の祈禱の本尊として重んじられます。ことに鎌倉時代になり法然や親鸞が出て、浄土教が阿弥陀専修の色あいを強めると、密教の観音はむしろ現世利益の面で、貴族や民衆に親しまれるようになり、これら七つの観音はその代表的なものになります。

すでに平安時代の末の京都では、七観音詣《もうで》といって、清水寺・六波羅蜜寺など、密教の観音を本尊とする、七つの寺院を巡礼するのが流行していましたが、こうした風潮は、さらに発展し西国三十三所巡礼の信仰へつらなります。三十三所の本尊は、すべて正・千手・馬頭・十一面・准胝・不空羂索・如意輪の七つの観音のうちのどれかであり、今日、観音といえばこの七つの観音を思い浮かべるほど、われわれにとって親しみ深いものになったのです。

三十三身と三十三観音

観音変化の諸相

古くから人々に親しまれてきた観音の姿は、すでに述べた七つの観音です。しかし観音は、人々を救うため機に応じ、時により、所にしたがい、さまざまに変化しますから、観音の姿は当然以上の七つにとどまらず、経典によってさまざまに説かれます。『千光眼観自在菩薩秘密経』に説く八観音・二十五化身および四十観音、『首楞厳経《しゆりようごん》』に説く三十二応現、『阿娑縛抄《あさばしよう》』に記す二十八化身、『諸尊真言句義抄』にみる十五尊観音、その他観音の変化の諸相は一々あげることができないほどです。しかし、これらの中には、名が説かれるだけで実際の信仰の対象とならなかったものが少なくありません。人々の実際の信仰対象として考えれば、『法華経』に説く三十三身にちなんで後世考えられた三十三観音が、もっとも広く親しまれた例といえるでしょう。

法華経普門品の三十三身

観音信仰の根本経典である『法華経』普門品（観音経）には、まだ密教的な変化観音の記載はみられませんが、観音が相手に応じて三十三に身をかえて教えを説いて救う、という思想が述べられています。

無尽意《むじんい》菩薩が仏に向かって、「観世音菩薩はどのようにしてこの娑婆世界に遊行《ゆぎょう》し、どのようにして衆生に説法するのでしょうか。その方便《ほうべん》の力はどのようでありましょうか」とたずねると、仏は、「衆生の中で仏の身によって救うのがよいものには、観世音菩薩は仏の身を現わして彼らのために教えを説く。辟支仏《びゃくしぶつ》（独りでさとるもの）の身によって救うのがよいものには、辟支仏の身を現わして彼らのために教えを説く。……」と、順次三十三身の名をあげ、「観世音菩薩は、このような功徳を成就《じょうじゅ》して、種々の形となって国土に遊行し、衆生を救うのである。汝らは一心に観世音菩薩を供養せよ。この観世音菩薩は、怖畏・危急の難の中で、よく無畏を施す。それ故に、この娑婆世界では、みな観音のことを施無畏者《せむいしゃ》とよぶのだ」と結んでいます。

三十三とは、古代インドでは宗教的な意味のある数でした。『リグ・ヴェーダ』の神話では、天界・空界・地界に各十一神を配当し、三界に住む主な神は三十三神であるとしました。この数は仏教の世界観にうけつがれ、この世の中心である須弥山《しゅみせん》の上に三十三天があり、そこに帝釈天《たいしゃくてん》はじめ三十三の神が住むと説明されました。『法華経』普門品が観音の変化の数を三十三としたのも、こうしたインド古来の数観念の反映でしょう。つぎに普門品の説く三十三身を列挙し簡単な説明を加えてみます。

1　仏身《ぶっしん》

観音は現在は菩薩の位にありますが、『観音三昧経』などには、観音はかつて正法明如来と号し、釈迦はその弟子であったと記しています。観音が仏身を現ずることができるというのは、観音の本体はすでに成仏《じょうぶつ》した法身《ほっしん》であって、衆生を救うため菩薩の形をとっているのだと考えることもできるでしょう。

2　辟支仏身《びゃくしぶつしん》
梵号プラティエーカ・ブッタ（各自に覚《さと》った者の意）の音訳で、縁覚《えんがく》とか独覚とも訳します。仏の教えによらずひとりで覚りを得た小乗《しょうじょう》の聖者のこと。

3　声聞身《しょうもんしん》
梵語シュラーヴァカ（声を聞く者の意）の訳で、仏の教えを聞いて覚るものをいいます。

以上の三身を合せて「三聖身《さんしょうしん》」とよびます。

4　梵王身《ぼんおうしん》
バラモン教で説く宇宙万物の創造神ブラフマンのこと。

5　帝釈身《たいしゃくしん》
バラモン教のインドラ。雷神で武勇に輝く英雄神。仏教では帝釈天となり須弥山上にあって仏敵と戦う護法神。

6　自在天身《じざいてんしん》
イーシュヴァラのこと。バラモン教の天界の神ヴィシュヌ神の仏教化ともいう。

7　大自在天身《だいじざいてんしん》
マヘーシュヴァラのこと。古代インドのシヴァ神の仏教化ともいう。

8 天大将軍身《てんだいしょうぐん》
サンスクリット原文の転輪聖王と天王（ピシャーチャ）の二つを合せて漢訳したもの。

9 毘沙《びしゃ》門身
ヴァイシュラヴァナのこと。古代インドのクビラ神が仏教化され、北方の守護神となりました。四天王・十二天の一つ。

以上六身は、すべて古代インドの神々が仏教にとり入れられ守護神となったもので、「六天身」とよびます。

10 小王《しょうおう》身
11 長者《ちょうじゃ》身
12 居士《こじ》身
13 宰官《さいかん》身
14 婆羅門《ばらもん》身

以上五身は、王・富豪・在家の智者・官人・バラモンの僧、という古代インドの代表的身分で、これを「五人身《ごにんしん》」とよびます。

15 比丘《びく》身
16 比丘尼《びくに》身
17 優婆塞《うばそく》身
18 優婆夷《うばい》身

以上四身は、仏教修行者を四つに分けたよび方で、順に、男子の出家修行者、男子の在家修行者、女子の出家修行者、女子の在家修行者を意味します。これら四身を合わせて「四部衆身《しぶしゅしん》」といいます。

19　長者婦女身

20　居士婦女身

21　宰官婦女身

22　婆羅門婦女身

以上四身は、第十一身から十四身のそれぞれの妻にあたります。これら四身を「四婦女《しぶにょ》身《しん》」といいます。

23　童男《どうなん》身

24　童女《どうにょ》身

男の子と女の子の姿、合わせて「二童身」といいます。

25　天身

古代インドの神々は、仏教にくみこまれて仏法守護の天部《てんぶ》衆となりました。この場合の天身とは、特定の天ではなく天部衆の総称と考えられます。

26　龍身

龍は古代インドの架空の霊獣で、水中に住みます。龍王・龍女の話は経典にしばしば現われ、密教では雨乞いの祈禱と結んで信仰されました。

27　夜叉《やしゃ》身

古代インド神話における鬼。仏教にとり入れられ仏法守護神となります。この場合も特定の鬼神をさすのではなく、数多い鬼神の総称と考えられます。

28　乾闥婆《けんだつば》身

栴檀《せんだん》乾闥婆とか食香《じきこう》とか香神ともよばれ、音楽の神ともいわれます。

29　阿修羅《あしゅら》身

六道の中の阿修羅道の主で戦いの神とされます。

30　迦楼羅《かるら》身

インド神話の空想の鳥金翅鳥《きんしちょう》（ガルダ）で、人身鳥頭《じんしんちょうとう》の鳥の王。

31　緊那羅《きんなら》身

楽器を奏し音楽天とされます。

32　摩睺羅伽《まごらか》身

蛇神。緊那羅とともに楽音衆として諸尊を供養するともいわれます。

以上八身はいずれもインドの古い神が、仏教にとり入れられたもので、一般に八部衆とよばれるものです。観音の三十三身では、これらを合わせて「八部身」といいます。

33　執金剛《しゅうこんごう》身

手に金剛杵《こんごうしょ》を持ち、釈尊の側にあって非法の者があれば破砕するといいます。金剛力士ともいいます。

要するに観音は、時と所と相手によって、あらゆる姿に身を変えて説法し救うのであって、平安時代の末の『梁塵秘抄《りょうじんひしょう》』に、「観音誓ひし広ければ　普き門より出でたまひ　三十三身に現じてぞ　十九の品《しな》にぞ法《のり》は説く」と歌われたように、三十三身の応化は、観音の誓願の広大無辺なことを象徴するのです。『梁塵秘抄』と同じころ、観音を本尊とする京都蓮華王院が、三十三間の堂として建てられ、観音を本尊とする巡礼霊場の数が三十三所と定まったのも、普門品の三十三身にちなむもので、三十三という数は観音の偉大さを象徴する数となったのです。

三十三観音

この三十三の数にちなみ、七観音以外の主な観音三十三をくみ合わせたのが、いわゆる三十三観音です。三十三観音の名称と形像を明記した最初の本は、天明三年（一七八三）に刊行された『仏像図彙《ずい》』でしょう。一方、天明二年に書かれた随筆集『塩尻《しおじり》』をみますと、「観音には多くの形像がある」として、七観音の他に葉衣・白衣・多羅・毘倶胝・青頸・香王・楊柳・水月・阿摩提・洒水・梵篋・魚籃の十二の観音の名をあげています。毘倶胝以外は『仏像図彙』の三十三観音に含まれる観音ですが、多少よび方が異なり、また三十三観音という いい方はしておりません。これから考えると、三十三観音という名称や、これに含まれる観音のよび方などは、天明のころには、まだあまり一般化したり固定したりしていなかったのかもしれません。

『仏像図彙』が記す三十三観音の中には、楊柳・白衣・青頸・阿摩提・葉衣・多羅をはじめ、その成立や形像がインドに起源を持つ古いもの、水月・魚籃・蛤蜊・馬郎婦など、中国の観音信仰の中で生まれたものもありますが、こうした先例がなく、江戸時代の民衆の信仰の中で成立したり、あるいは普門品三十三身の姿にヒントを得て考案された観音も少なくありません。また古くからの観音でも、白衣観音のように、古くからの形像が親しみやすい姿に変えられたものもあります。いずれにせよ三十三観音は、江戸時代の民間で秩父巡礼などが流行し観音信仰が高まる中で（五七頁参照）、観音の形像の集大成として成立したものです。以下、『仏像図彙』の順序に従って各観音につき説明します。

1　楊柳《ようりゅう》観音

右手に楊柳枝《ようりゅうし》をとり左手を胸にあてます。あるいは楊柳枝をさした水瓶をそばに置くこともあります。インドの毘舎離《びしゃり》国で悪疫が流行したとき、人々の願いに応じて観音が現われ、楊枝《ようじ》と浄水を手にして、病を除く呪文を教えたという『請《しょう》観音経』記載の故事により、病難消除の本誓を示します。千手観音の信仰では、千手の四十手から、それぞれ観音が現われると説きますが、四十手の一つ楊柳手《ようりゅうしゅ》から現われる薬王観自在《やくおうかんじざい》がこの楊柳観音であるともいわれます。平安時代の末に楊柳観音は中国の宋から日本に伝えられ、新しい観音として人気を集め、仁平三年（一一五三）には上皇らの臨席の下に得長寿院《とくちょうじゅいん》三十三間堂（現在の三十三間堂の前身）で、盛大な楊柳観音像供養が行なわれました。ことに天台宗では、病を除く請観音法の本尊として重んじられ、その信仰の流れは、現在も京都三十三間堂などで、柳の枝で浄水をかけて無病息災を祈る「柳の御加持《おかじ》」の形で続いています。

2　龍頭《りゅうず》観音

三十三身の中の天龍夜叉身を現わし、雲中の龍の背に座ります。

3　持経《じきょう》観音

三十三身の中の声聞身を現わし、右手に経を持ち岩の上に座ります。

4　円光《えんこう》観音

普門品偈に「無垢清浄《むくせいじょう》の光ありて慧日《えにち》もろもろの暗をやぶり、……」とあるのにより、光の中で合掌し、岩上に座ります。

白衣観音。「図像抄」より

5　遊戯《ゆげ》観音

観音の遊戯自在《ゆげじざい》、すなわちあらゆるところに自由に姿を現わすのを示し、雲の上に右膝を立て、左手を雲につきます。また、普門品偈に、悪人に追われ金剛山から落ちても、観音を念ずれば一毛も損じないと説かれますが、この金剛山に現われた観音の姿であるともいわれます。

6　白衣《びゃくい(びゃくえ)》観音

梵名パーンドゥラヴァシニー(Pāṇḍuravāsinī)、白処尊《びゃくしょそん》、大白衣《だいびゃくい》、白衣観自在母などとも訳されます。つねに清浄を示す白蓮華の上に座るので白処尊とよばれるもので、『大日経疏《だいにちきょうしょ》』はじめさまざまの経典にその名がみえます。この観音を本尊とする密教の修法が大白衣法で、山門（天台延暦寺）の秘法とされます。大白衣法は、天慶二年（九三九）、平将門の反乱鎮圧を願って修したのが最初とする伝承もありますが、十一世紀の末から盛んになり、十二世紀になると、主に月食など天変のときに修されるようになりました。その一方、観音母、すなわち阿弥陀如来の配偶者で、観音の母であるとも考えられ、後に三十三観音の一つとされると、三十三身の中の比丘尼《びくに》身にあたるような頭から白衣をまとったやさしい姿で作られ、求児・安産・育児の祈願をされるようになりました。

7　蓮臥《れんが》観音

三十三身の中の小王身を現わし、池中蓮華の上に座して合掌します。

8　滝見《たきみ》観音

普門品偈に「観音を念ずれば火坑《かきょう》は変じて池となる」と説くのにあたる姿とされ、断崖に座って滝を見ます。

9　施薬《せやく》観音

普門品偈の「日の如くして虚空に住《とどま》らん」、あるいは「苦しみ悩みと死の厄《わざわい》において依怙《たより》とならん」と説く姿にあたり、心身の病苦を除くとされます。水に臨む岩に座し、左手を膝におき右手を頬にあて、蓮華をみます。

10　魚籃《ぎょらん》観音

手に魚籃（魚籠《びく》）をもち、あるいは水上の大魚に乗ります。唐の時代、魚商の美女が普門品の信者に嫁しましたが、この美女が実は観音の化身であったとの説話にもとづき、中国では宋《そう》代以後信仰されるようになりました。元和三年（一六一七）に中国から伝えられたという、東京三田の魚籃寺の本尊は有名です。

11　徳王《とくおう》観音

三十三身の中の梵王身を現わし、岩上に座し、右手に緑葉枝を持ち左手を膝におきます。

12　水月《すいげつ》観音

水吉祥《すいきっしょう》観音ともよばれ、すでに中国では、唐の時代の敦煌《とんこう》出土の画に描かれているそうです。わが国では、嘉承二年（一一〇七）、水月観音像を供養して堀河《ほりかわ》天皇の冥福を祈ったのが初期の信仰の例といえるでしょう。十二世紀の末に編集された『別尊雑記《べっそんざつき》』をみると、水月観音は、水中の岩山の上に座る姿で描かれていますが、後世の三十三観音の場合は、水上の蓮華の上に立ち月を見る姿で、三十三身の辟支仏身にあたるとされます。

13　一葉《いちよう》観音

三十三身の宰官身を現わし、水上の蓮華に右膝を立てて座ります。また普門品偈の「大水のため漂わされるも観音を念ずれば浅きところを得ん」とあるのにあたる姿ともいわれます。

14　青頸《しょうきょう（しょうけい）》観音

梵名ニイラカンタ（Nilakaṇthi）、青黒い頸という意味です。昔、シヴァ神が海中の毒壺を発見し、衆生が毒害されるのを防ぐため、大慈心をもってこの毒を飲み、そのため頸が青

水月観音。「別尊雑記」より

黒く染まったというインド神話にちなみ、これを観音化身としたものです。この観音を念ずれば、怖畏厄難を脱することができるとされます。すでに五世紀ころの青頸観音像が、インドのサールナート（鹿野苑）で発見されています。形像は『青頸観自在菩薩陀羅尼経』によれば三面四臂ですが、『不空羂索経』では一面二臂で、左手に蓮華をとり右の掌をあげます。『図像抄』『阿娑縛抄』などに描くのはこの形像です。他に、一面四臂像もあります。三十三観音の場合、青頭《せいず》観音とも書かれ、三十三身の仏身を現わし、岩上に座し右手を立てた膝、左手を岩におきます。

15　威徳《いとく》観音

三十三身の天大将軍身を現わし、折伏《しゃくぶく》の威と愛護の徳をかね、右手に蓮華を持ち岩の上から水面をみます。

16　延命《えんめい》観音

普門品偈に、呪詛毒薬の難をまぬがれるとあるのにあたり、岩上に肘をつきます。なお、平安時代には延命菩薩の名がしばしば現われ、これを延命観音と考える説もありますが、私は、平安時代の延命菩薩とは普賢延命《ふげんえんめい》のことで、この観音ではないと思います。

青頸観音。「図像抄」より

17　衆宝《しゅうほう》観音

三十三身の長者身を現わし、右手を地につけ、左手は立てた膝の上におきます。普門品偈の「衆宝を求めて羅刹《らせつ》鬼国に漂うも羅刹の難を脱《まぬが》れる」とあるのに由来するともいわれます。

18　岩戸《いわと》観音

普門品偈に、蚖《とかげ》・蛇《へび》・蝮《まむし》・蝎《さそり》の毒をまぬがれるとあるのに由来し、毒蛇の住む岩戸（岩窟）に座ります。

葉衣観音。「図像抄」より

19 能静《のうじょう》観音

静寂の相で海辺の岩に座り、手を岩にあてます。海路の守護神とされます。

20 阿耨《あのく》観音

阿耨達池《あのくだっち》、すなわち古代インドの四大霊川の源とされる伝説的大湖の名に由来し、岩の上に座って滝をみます。

21 阿摩提《あまだい》観音

梵語アブハチ（Abhetri）の音訳で、阿摩鯠《あまだい》とも書きます。無畏観音とか寛広観音ともよばれ地獄に入って衆生を救うと信じられます。平安時代に描かれた像は、白獅子に乗り、手には絃楽器と摩羯魚《まかぎょ》（鯨魚のこと）と吉祥鳥をとりますが、江戸時代の三十三観音では岩上に右膝を立て、両手を膝の上におきます。

22 葉衣《ようい（ようえ）》観音

梵名パラーシャムバリー（Palāśambari）、被葉衣観音ともいいます。天女形で二臂像と四臂像があります。十世紀後半から、内裏《だいり》や貴族の家を火災から護る安鎮《あんちん》法（鎮宅《ちんたく》法）で、不動を本尊とする不動安鎮と並び、この観音を本尊とする葉衣安鎮法が台密では修されました。しかし不動安鎮法ほどには盛んにならず、葉衣観音は、一般には無病長寿の息災法として信じられました。三十三観音では、三十三身の帝釈身を現わし岩上に座ります。

23 瑠璃《るり》観音

この観音は、『塩尻』に記す香王《こうおう》観音にあたります。香王観音は香王菩薩ともよばれ、福を求めるときに祈る菩薩で、平安時代に描かれた像は、天冠を戴き左手に蓮華を持ち右手の五本の指からは五道の衆生に甘露の雨を施します。三十三観音の場合は、三十三身の自在天身を現わし、瑠璃の香炉を持ち蓮華に乗って水上に遊化します。

24 多羅尊《たらそん》観音

梵名ターラ（Tārā）の音訳で、ターラは眼の義とされます。観音の眼より発する光明の中から女の姿の多羅尊が生じ、その応現が多羅観音であるといいます。多羅尊は、慈眼をもって衆生を救うとされ、その形像は経典によってさまざまですが、『大日経』の説くところでは、青白色で女人のようで白衣をつけ合掌して青い蓮華を持ちます。多羅尊は、ヒンズー教の性力崇拝が観音信仰に影響して生まれた菩薩ともいわれ、その信仰はインドでは盛んであったようで、サールナート（鹿野苑）では六世紀の多羅

多羅菩薩。「図像抄」より

像が発見されており、七世紀前半にインドに旅行した玄奘三蔵は、多羅菩薩の像は霊験があり、インドでは毎年元日に盛んに供養すると記しています。しかし、日本では東密で安産の利益があるとされたものの、独立した菩薩信仰としては、あまり発達しませんでした。三十三観音の多羅尊観音は、雲の上に立つ姿です。

25　蛤蜊《はまぐり》観音

一二六九年に中国で編纂された『仏祖統紀《ぶっそとうき》』によると、唐の文宗が蛤蜊を食べようとしたところ、蛤蜊は変じて大士の形となりました。おどろいた帝は、終南山の惟政禅師を召してその理由を問い、禅師の法話に感じて天下の寺院に観音像を安置したといいます。これが蛤蜊観音のおこりで、像は蛤蜊を前に座る姿です。

26　六時《ろくじ》観音

六時は一日を意味し、昼夜つねに衆生を守護する観音とされます。居士身で梵篋《ぼんきょう》（経典）を持つので梵篋観音ともよばれます。この経は、六道衆生の苦を救う六字章句陀羅尼《ろくじしょうくだらに》であるとされます。

27　普悲《ふひ》観音

慈悲を世界に普《あまね》く及ぼす意味で、三十三身の大自在天身を現わし、両手を法衣にかくし山上に立ちます。

28　馬郎婦《めろうふ》観音

やはり『仏祖統紀』にみえる話で、美女がいて妻とすることを願う人が多かったところ、美女は『法華経』を暗誦する男に嫁そうと約束しました。馬青年がこれを果したところ、美女は結婚式に臨んで急死し、後に墓をひらけば黄金の骨が現われ、人々は美女が観音の化身であったことを知りました。宋代以後その信仰は盛んとなり、宋画の遺品も伝わっています。三十三観音の場合は、三十三身の婦女身を現わし、『法華経』と頭骸骨を持ちます。

29 合掌《がっしょう》観音

三十三身の婆羅門身を現わし、合掌して蓮華の上に立ちます。

30 一如《いちにょ》観音

雲に乗り雷を征服している姿で、普門品に、観音を念ずれば雲雷も消えるとあるに由来し、雷も観音の妙智力と一体である意味です。

31 不二《ふに》観音

三十三身の執金剛身を現わし、水上の蓮華に立ちます。仏の守護神である執金剛神も仏の応化した姿であり、両者は二ならず、ということで不二観音といいます。

32 持蓮《じれん》観音

三十三身の童男童女身で蓮葉の上に立ち、観音のシンボルである蓮華の茎を持ちます。

33 灑水《しやすい(さいずい)》観音

洒水《しやすい》観音とも書き、普門品の「甘露の法雨をそそぎ煩悩の焔を消除す」に由来し、右手に散杖《さんじょう》、左手に灑水器《しやすいき》を持ちます。

弥　勒

尊の名称

弥勒《みろく》とは、古代インドの文語であるサンスクリット（梵語）のマイトレヤ（Maitreya）の音訳です。阿逸多《あいった》と書かれることもありますが、これは弥勒のもとの姓のAjitaによったものです。

マイトレヤとは「慈から生じたもの」の意味で、この意をとって、中国では「慈氏《じし》」とか「慈尊《じそん》」とも訳されます。またその役割から「釈迦の補処《ふしょ》の菩薩」とか「当来仏《とうらいぶつ》」とよばれることもあります。補処とは一生補処の略で、この一生をすぎればつぎは仏の位処を補《おぎ》なうという意味です。つまり、釈迦（現在仏）のつぎの仏となることが定まっている菩薩ということで、いわゆる過去仏・現在仏に対して当来仏とされます。弥勒は、現在は仏になろうとまだ兜率天《とそつてん》で修行中の菩薩ですが、このようにつぎの仏となることが確定しているので、とくに弥勒仏（如来《にょらい》）とよばれたり、その像が如来形《にょらいぎょう》で造られる場合もあるのです。

兜率天《とそつてん》と龍華三会《りゅうげさんね》

弥勒の名はさまざまの経典に出てきますが、その信仰の中心となるのは、『観弥勒菩薩上《かんみろくぼさつじょう》生兜率天経《じょうとそつてんきょう》』（略称『上生経』）、『弥勒下生成仏経《げしょうじょうぶつ》』（略称『下生経』）、『弥勒大成仏《だいじょうぶつ》経』（略称『成仏経』）の三つの経典で、これを合わせて『弥勒三部経』とよびます。

これらの経典の説くところによりますと、弥勒は、現在は仏になろうとして、仏教の世界観でいう天の一つ、兜率天で修行しながら、もろもろの天衆のために説法しています。兜率天には、弥勒にかしずく五百万億の天女がおり、その内院には摩尼宝珠《まにほうじゅ》の光が化してできたという美しい四十九重の宝宮（いわゆる兜率内院四十九院）があります。かつては釈迦も、仏となる時期が訪れると、兜率天から白象と化して閻浮提《えんぶだい》（人間世界）に下生し、摩耶《まや》夫人に托胎しました。弥勒の場合は、釈迦がこの世を去ってから五十六億七千万年（五十七億六千万年とする経典もあります）で兜率天の寿数が尽きるとき、われわれの住む閻浮提におりて来て、バラモンの女に托生します。やがてこの世で悟《さと》りを得て仏となった弥勒は、龍華樹の下で三度にわたり有縁の人々に説法します。これが龍華三会とか弥勒三会とよばれるもので、そのとき世界は六種に震動し金色《こんじき》となります。弥勒は鶏足山《けいそくさん》に伝えられる釈迦の衣を受けつぎ、この世に住むこと六万年、多くの人々を悟りに導

弥勒菩薩。「図像抄」より

きます。

われわれは不幸にして末の世に生まれ、釈迦在世の説法を聴聞して救いにあずかることはできませんでした。ですから、当来仏の弥勒を信じ、三会値遇《さんねちぐ》、すなわち龍華三会の説法の場にめぐり会って救われたい。もちろん龍華三会は、はるかな未来ですから、さしあたってわれわれは修行し善根をつみ、死後は兜率天に上生《じょうしょう》して弥勒のそばで時をすごし、いよいよ弥勒が下生《げしょう》するとき弥勒に従って地上に還り、三会の中でも初会の説法を聴聞したい。

――これが、いわゆる弥勒信仰の概略で、このうち、未来の三会値遇を願うのが弥勒下生信仰、三会値遇の前提としてまず死後の兜率天上生を願うのが弥勒上生信仰とよばれます。弥勒三部経の成立順序をみると、まず龍華三会の説法を中心に説く『成仏経』、つぎにその要約としての『下生経』、最後に、『下生経』の内容をふまえて、死後の兜率上生を中心に説く『上生経』が成立しており、おそらくインドでは、下生信仰が先に成立しましたが、遠い未来の救済だけではあきたりないところから、その後に上生信仰が成立したものと考えられます。

形像の特徴

弥勒の形像は、大きく二つに分ければ、本来の姿である菩薩形で造られる場合と、「補処《ふしょ》の菩薩」という特異な性格によって如来形で造られる場合とになります。

菩薩形の弥勒像は、二臂像から三十臂像までさまざまですが、もっとも一般的な形は、二臂で蓮華に坐り、頭には五仏（五智如来《ごちにょらい》）の宝冠をいただき、左手に宝塔（法界塔）をのせた蓮華を持ちます。また密教の曼荼羅などに多く描かれる姿は、二臂で蓮華に坐り、頭上の宝冠の中に塔（卒都婆《そとば》）があり、澡瓶をおいた蓮華を右手に持ちます。あるいは手のひらに塔を持ち蓮華上に坐る像もあり、坐像立像を問わず、菩薩形弥勒像に広くみられるのは「持《じ》塔《とう》」の形像です。

敦煌莫高窟275窟交脚弥勒菩薩像。５世紀

如来形の弥勒像は、螺髪で袈裟をつける仏形で、左手施願、右手施無畏印の像が代表的です。如来形の弥勒像は、本尊として作られる場合もありますが、塔などに四方仏の一つとして安置されることも少なくありません。

半跏思惟弥勒像

ところで弥勒像というとだれでもまず思いうかべるのは、有名な京都の広隆寺の弥勒像に代表されるような、片手を頬にあて、片脚を膝にあげて冥想にふける半跏思惟《はんかしゆい》像でしょう。そこで、この形像について少しふれてみたいと思います。

中国で弥勒信仰が盛んになるのは北魏《ほくぎ》（五世紀後半〜六世紀前半）の時代ですが、当時の弥勒像は、一般に宝冠を戴き、両足を組んだ交脚《こうきゃく》像で表現されており、これは兜率天上の弥勒の姿を現わしているといわれます。つぎに六世紀後半以後、すなわち北斉の末から隋・唐の時代になりますと、弥勒像は腰かける倚坐《いざ》像が多くなります。唐の時代には倚坐菩薩像に加えて倚坐仏像も現われ、倚坐仏像はふつう如来形の弥勒像とされます。一般に倚坐弥勒像は、弥勒下生の信仰によって造られたらしく、交脚《こうきゃく》から倚坐《いざ》へという弥勒形像の変化は、上生信仰から下生信仰へという、中国の弥勒信仰の大きな動きとも関連して、興味深いものがありますが、いずれにせよ中国では、北魏から唐の時代を通じて、弥勒を半跏思惟像で表現する例はないといってよいでしょう。

中国で半跏思惟像は、五世紀末の雲崗《うんこう》石窟で、交脚弥勒像の左右脇侍として造られたのをはじめ、弥勒ないし釈迦の脇侍として配置されるのがふつうです。これら中国の半跏思惟像は、銘文などをみると、仏伝の一場面として、世の無常に想いをいたし、思惟苦悩する成道以前の釈迦（悉達《しった》太子《たいし》）を現わしているのです。

これに対し、日本の場合、仏教が伝来した六世紀後半から七世紀（飛鳥時代）の弥勒像には、中国で流行したような交脚像はなく、大部分が半跏思惟像で造られました（もちろん、飛鳥時代の半跏思惟像がすべて弥勒像とはいえません。弥勒像かどうかはっきりしない半跏思惟菩薩像も少なくありません）。こうした日本の初期の弥勒像の成立を考える上で興味深いのは、当時弥勒信仰が盛んであった新羅《しらぎ》など、朝鮮諸国の仏像の中に、半跏思惟弥勒像が多数認められることです。中国と異なって朝鮮では、弥勒を半跏思惟像で表現するのがめずらしくなかったようです。成道以前の太子思惟の姿である半跏思惟が、やはり成道を求めて兜率天で思惟にふける弥勒菩薩を表現するのにふさわしいと、朝鮮の人々は考えたのでしょうか。広隆寺の弥勒像や法隆寺献納金銅仏の弥勒像とそっくりの半跏思惟弥勒像が、韓国に現存することをみても、飛鳥時代の半跏思惟弥勒像は、朝鮮から伝えられたり、朝鮮の弥勒像を模倣して造ったりしたものと思われます。

こうしたわが国の半跏思惟弥勒像は、中国と直接の文化交流が深まる八世紀以後姿を消し、奈良時代には唐で流行した倚坐弥勒像が現われます。さらに平安時代になると、持塔の形式の弥勒像が主流となります。要するにわが国の半跏思惟弥勒像は、七世紀という仏教伝来期だけにみられる特殊なスタイルで、それは、初期の日本仏教が、中国仏教よりも朝鮮半島の仏教の影響下に形成されたという事実を物語っているのです。

弥勒信仰の成立

最近の仏教美術史の成果によれば、インドのシクリでは、二世紀後期の弥勒像が出土し、その他ガンダーラやマトゥラーでも弥勒像が発見されており、すでにインドでは二〜三世紀のころ、弥勒信仰がかなり盛んになっていたと思われます。また弥勒経典の成立についてみれば、『成仏経』は三世紀中ころ、『下生経』は四世紀末、『上生経』はそれとあまりへだたらぬころできたとされるので、兜率天上生を願う上生信仰も、四世紀末ころまでには発達したと考えられます。

こうしてインドで発達した弥勒信仰は、西域の諸国を経て中国に伝えられました。『般若経』を研究して中国仏教の基礎を確立したとされる四世紀後半の道安《どうあん》、五世紀初めインドに旅行し、神秘的な弥勒霊験譚を中国に伝えた法顕《ほっけん》など、熱心な弥勒信者も出現し、五世紀中ころ『上生経』が漢訳されると、弥勒信仰は、中国仏教で隆盛をきわめるようになります。ことに五世紀中ころ江北を統一した北魏王朝は、仏教教団に対する国家統制を強化し、北魏の歴代皇帝を釈迦、現皇帝を弥勒になぞらえた造像を奨励し、中国人の尊ぶ天上世界の信仰ともあいまって、龍門の石窟に多くの弥勒像が造られます。中国で阿弥陀信仰が盛んになるのは七世紀以後であり、五〜六世紀の間は、弥勒信仰がはるかに有力でした。

こうした中国の弥勒信仰は朝鮮半島に伝えられ、六〜七世紀には半跏像の弥勒像が盛んに作られ、わが国に伝えられたのはすでに述べた通りです。ことに新羅では、青年貴族集団の指導者である花郎《かろう》を弥勒の化身とする信仰が発達し、弥勒の半跏像は、花郎集団の弥勒信仰と密接な関係があったのではないか、とする説もとなえられています。

日本への伝来

『日本書紀』によれば、五八四（敏達十三）年、蘇我馬子が、仏殿に安置した像は、百済から伝来した弥勒像でした。また六〇三（推古十一）年に秦河勝《はたのかわかつ》が、聖徳太子からゆずりうけた新羅伝来の仏像は、現在の広隆寺弥勒像であったろうとする学者もいます。中国や朝鮮で弥勒の信仰が釈迦信仰と並んでもっとも早くから発達したことを考えても、その影響下に形成されたわが国の仏教で、弥勒像が早くからみられるのは当然でしょう。六〜七世紀の日本仏教では、諸尊の特色が十分理解されず、馬子が弥勒の石像に「寿命を延べたまえ」と願ったと伝えられるように、弥勒信仰本来の上生《じょうしょう》・下生《げしょう》信仰はまだ明瞭ではありませんが、八世紀の奈良時代になりますと、兜率天の信仰が発達してきます。

兜率天と極楽

奈良時代の人々の間で、死後往生の対象とされた浄土として今日確認できるのは、弥勒《みろく》・阿弥陀《あみだ》・無勝《むしょう》・盧舎那《るしゃな》（華厳）の四つといいますが、このうち実際の信仰で大きな比重を占めたのは、弥勒浄土と阿弥陀浄土です。奈良時代の写経の跋語《ばつご》（あとがき）や、金石文《きんせきぶん》に現われた浄土名を整理してみると、奈良時代前期（天平の末まで）は、弥勒浄土が四、阿弥陀浄土が二、両浄土の混在が二、奈良時代後期には、阿弥陀浄土が五、弥勒浄土が一となります。すなわち、少なくとも奈良時代の中ころまでは、兜率天上生を願う信仰が、阿弥陀の極楽浄土の信仰を圧していたといえます。また民間でも、天平年間には、慈氏（弥勒）弟子と称して、弥勒が書いたと伝えられる『瑜伽師地論《ゆがしじろん》』を写経し、現当二世の安楽を願う同信集団の活動が知られています。

平安時代に入っても、平安新仏教の天台《てんだい》・真言宗《しんごん》は、ともに弥勒信仰と深い関係がありました。天台宗の中心経典である『法華経』には、「この経を受持・読誦するものは、死後、千仏に手を引かれ、悪趣におちずに兜率天上の弥勒菩薩のところに往く」と説かれており、また真言宗では、空海が兜率天に上生して、弟子たちを見まもっているとか、没後高野山に入定《にゅうじょう》して弥勒下生を待っているとかいう祖師《そし》信仰が発達しました。こうして、奈良時代後期から阿弥陀信仰の進出がめだつとはいえ、弥勒信仰も社会的に広く支持され続けていたのでした。

平安時代の初めに成立したと考えられる薬師寺の僧景戒の『日本霊異記』は、その下巻序文を「庶《ねが》わくは、地を掃いて共に西方の極楽に生まれ、巣を傾けて同じく天上の宝堂に住まん」と結んでいます。天上の宝堂とは兜率天の内院をさしていますから、景戒の来世の願いは、この世のすべての人々とともに極楽か兜率天に生まれることだったのです。また、これより後の貞観元年（八五九）ころ書かれたある願文にも、「青蓮台上、弥陀にまみえ奉り、紫紺堂中、親しく慈氏に（説法を）承わらん」とありますから、このように極楽と兜率天、阿弥陀浄土と弥勒浄土を同列に並べて願う形は、九世紀ころ広く行なわれていたと思われます。兜率上生と極楽往生は、あたかも車の両輪のごとくあい並んで、八〜九世紀の人びとの来世の信仰を形づくっていたのでした。

浄土教の発達と弥勒信仰

平安時代の中ころ、およそ十世紀を境として、古代国家没落にともなう社会不安を背景に、わが国の浄土教は非常に盛んになりますが、その場合も弥勒信仰は阿弥陀信仰と並んで信奉される場合が多かったのです。

十世紀の末に天台横川《よかわ》の恵《え》心僧都《しんそうず》源信《げんしん》が書いた『往生要集』は、阿弥陀念仏の理論と実践を具体的に説いて、当時の浄土教信者の間で広く読まれた有名な本ですが、源信はその中で、「兜率上生は、もともと小乗仏教の人々の信仰だから自力的で、末代のわれわれにはむずかしく、しかも兜率天は、浄土としても極楽に比較し多くの点で劣る」と主張しています。しかし、極楽がすぐれていることを力説した源信は、最後に一転して、

> もし極楽以外の浄土と特別に因縁のある人は、極楽以外の浄土を求めるのもよかろう。みなそれぞれの欲するままにすべきである。中国の有名な浄土教家懐感《えかん》法師も、「兜率を求める人は、西方極楽浄土を求める人をそしってはいけない。西方極楽に生まれたいと願う

人も、兜率天に生まれるための修行をそしってはならない。それぞれ自分の性に適したものを求め、思い通りに修行せよ。たがいに浄土の是非を争ってはいけない」といっているではないか。

と、極楽往生の優越を強調せず、両浄土の並存を認める立場をとっています。

こうした弥勒信仰との妥協的態度は、源信といえども、当時の弥勒信仰の存在を一概に否定できなかったことを示しています。源信の阿弥陀念仏に耳をかたむけた人々は、また同時に、弥勒の信仰にも心をよせる人々であったのです。当時の熱心な念仏信者具平《ともひら》親王の書いた詩によると、源信自身、念仏結社の盟友慶滋保胤《よししげのやすたね》とともに、極楽往生の願の一方で「慈尊に値遇《ちぐう》する業」も修していたといいます。天台法華の教理に立つ源信の浄土教学は、決して弥勒の信仰を否定するものではなかったのです。

弥勒信仰は、貴族社会の浄土教だけではなく、十世紀の民間の浄土教でも盛んでした。平安時代の末に阿闍梨皇円が編した『扶桑略記《ふそうりやっき》』は、十世紀中ころの村上天皇の代に、空也《こうや》と歓喜《かんぎ》という二人の熱心な民間布教者がいたことを伝えています。

空也は、京の民衆に阿弥陀念仏をひろめ、「阿弥陀の聖《ひじり》」とか「市《いち》の聖」とたたえられ、日本の浄土教の歴史の上で、だれ知らぬものもない人物です。しかし『扶桑略記』によると、空也と同じころ大和国に歓喜とよばれる僧がいて、つねに弥勒菩薩を念じ、兜率天に生まれることを願い、鼓を打って「弥勒上生兜率天、四十九重摩尼殿」などと偈《げ》をとなえては、人々に勧進《かんじん》していたといいます。皇円は、空也と歓喜を、当時の民間浄土教家を代表する二つのタイプとしてとりあげたようで、阿弥陀信仰の民間布教者と並んで、弥勒信仰を鼓吹する僧侶の活動をうかがうことができるのです。

こうした平安時代の浄土教における弥勒信仰の隆盛を伝えるのは、長久年間（一〇四〇～四四）に成立した『法華験記《ほっけげんき》』です。ここでは、極楽往生の説話数三十四におよばないとはいえ、兜率天上生の説話数は十三を数えて他の諸浄土に比較すればぬきんでて多く、当時の浄土信仰が極楽と兜率の二つの対象に集中していたことがうかがえます。

弥勒来迎図。「覚禅鈔」より

その説話の内容も、極楽往生と兜率上生の間には、それほど大きなちがいはありませんでした。猛悪不善、殺生を好み、その勢威は国に満ち、ほしいままに悪業を重ねていた長門国阿武大夫は、出家入道して『法華経』をよんで兜率天に往生し、あるいは弓矢を玩具とするほどに殺生の日々を送っていた東国の壬生良門も、千部の『法華経』を写して兜率天に上生したのです。

こうした浄土信仰では、かつての景戒のように、阿弥陀・弥勒の両信仰を併せて信奉する場合もめずらしくありませんでした。その典型的な例は、藤原道長の金峰山《きんぷせん》埋経願文にみられます。吉野金峰山は、平安時代には弥勒浄土の地と考えられていましたが、寛弘四年（一〇〇七）、道長はこの地に参詣し、臨終には身心乱れず極楽に往生し、また九十億劫の生死の罪を除いて弥勒慈尊の出世に会うため、『法華経』『阿弥陀経』『弥勒経』などを埋めました。願文によれば、道長の願うところは、弥勒が下生して龍華三会の説法を行なうとき、極楽世界からこの仏所に詣で、また弥勒の説法の際に、この埋めた経典が自然に涌き出て会の人々を随喜せしめようというのでした。

末法到来と弥勒下生

平安時代も終りに近づいた十一世紀に入ると、末法到来が盛んに説かれるようになりました。釈迦の没後二千年、当時の計算では永承七年（一〇五二）に到来するとされた末法の世では、仏法はおとろえ、人心は悪化し、悪事のみ横行するというが、それは律令国家の没落、宗教界の世俗化、僧兵の横行などを背景に、きわめて現実的に理解され、王法・仏法破滅の不安に人々はおののきました。こうした末法思想は、一方では来世の浄土を欣求する信仰を社会の上下に弘めるとともに、末法の世を救う当来仏弥勒の下生を待ち望む信仰に人々を向かわせました。
弥勒三会の説法にめぐり会って悟りを得るという信仰は、兜率上生と結びついた形では以前からありましたが、このころになると、弥勒信仰の中でも兜率上生よりも弥勒下生を求める信仰が盛んになってきました。すでに藤原道長のころから、弥勒下生の際の説法の場所とされていた金峰山《きんぷせん》は、ことに多くの参詣人を集めるようになり、また十二世紀初めになると、空海が弥勒下生を待って、高野山に生身のまま入定《にゅうじょう》しているという信仰も成立しました。

しかし、こうした下生信仰の発達をもっともよく示すのは、埋経《まいきょう》の流行でしょう。埋経とは、末法到来による仏法破滅をおそれ、やがて訪れる弥勒三会の日のため、『法華経』などの経典を埋めて保存しようとするもので、道長の金峰山埋経のように、まず貴族社会ではじまりましたが、後には聖などの勧進活動によって、むしろ民間で盛んになりました。

そうした埋経の願文には、「伏して乞う、当来導師慈尊、誓願誤たず、引摂したまえ」「三会に値い、仏を見て正法を聞き、この文を見て自他利益を同じうせん」など、三会の日までの経典保存だけでなく、埋経者自身がこの功徳によって三会に値遇し、救われようとする願いが記されています。

このように末法思想の下で、弥勒下生の信仰は盛んになりましたが、兜率上生の信仰も決して消滅したわけではありませんでした。平安末期の民衆の間では、他力的な阿弥陀信仰が支配的となりましたが、貴族社会の浄土教では、伝統的な兜率上生と極楽往生の並存が依然として続いていました。功徳の集積が容易で、以前から諸行往生思想が盛んな貴族社会では、他力易行の阿弥陀専修に赴く必然性はなかったということでしょうか。「ただ願うは安養の上生、ひとえに期するは兜率の内院」「極楽兜率の間に微望をとげん」などの貴族の願文にあきらかなように、兜率上生の信仰は、貴族たちの間で根強く生き続け、やがて中世の専修念仏に対抗する旧仏教側の浄土思想の中核として新たな展開を示すのです。

鎌倉旧仏教と弥勒信仰

十二世紀末から十三世紀にかけ、法然をはじめとする鎌倉仏教の祖師たちがあいついで現われ、仏教界に大きな衝撃を与えました。こうした選択・専修の新仏教出現に際し、旧仏教側でも教団の腐敗を正し、新仏教を批判する人々が現われました。こうした旧仏教の復興に努力した人として、解脱《げだつ》上人貞慶《じょうけい》や明恵《みょうえ》上人高弁《こうべん》が有名です。彼らは、阿弥陀以外を余仏として排する専修念仏を批判し、末法の世に本当の師というべきは釈迦であると主張しました。末世におけるおのれの罪を自覚し、自力を棄てて弥陀の本願力に帰依した法然とは反対に、末世であるからこそ、罪深き身であるからこそ、戒律を厳しくたもち、修行をつみ、仏徒の初心である釈迦の時代に帰るべきだと考えたのです。

しかし旧仏教の僧たちが、いかに釈迦を追慕しても正法の日に帰るすべはなく、釈迦追慕の情は一転して当来仏である弥勒の信仰に向かうこととなりました。貞慶は『心要鈔』で、弥勒は釈迦についで、つぎの世で仏となることが定まっており、それゆえ釈迦から末法の世のすべての人々の救済をゆだねられている、と説き、そこに阿弥陀信仰とは異なる弥勒信仰の意義を強調しています。この考えが進むと、「釈迦と弥勒はその実体において同じものである。釈迦は入滅した後も弥勒となってこの世に住んでおられる。だから釈迦の浄土霊山《りょうぜん》も弥勒の浄土兜率天も場所は一つである。釈迦の名を念じ、臨終には正念して『上生内院』と称えよ」と貞慶が語ったと伝えられるように、釈迦弥勒一体、釈迦浄土弥勒浄土一体、釈迦念仏弥勒念仏一体の考えへと発展するのです。釈迦を追慕してインド旅行を計画しながら果せなかった明恵は、臨終に「私は名聞にまじわらず、この身をもって一切の衆生を救い、みなともに弥勒のおられる兜率内院の四十九重摩尼殿の前にまいろうと願うものである。必ずわれを摂取したまえ」と涙を流しつつ「南無弥勒菩薩」と両三度弥勒念仏をとなえたのでした。

このように貞慶・明恵ら旧仏教の人々は、阿弥陀専修の法然らの浄土教に対し、弥勒上生信仰を強調しました。しかし、阿弥陀称名念仏以外はすべて余行として退ける法然らの他力的専修念仏を、従来の諸行往生の立場から批判した旧仏教の人々の弥勒上生信仰は、当然、自力的な性格の強いものになりがちでした。貞慶の弥勒念仏も、弥勒の姿や本願や一切の功徳を心に念じ、念仏者と弥勒が一体となるという、平安時代以来の観想念仏でした。こうした自力的な弥勒信仰では、貴族社会や旧仏教界の支持は得られても、法然ら新仏教に対抗する上でもっとも必要な、民間での展開を十分に果し得ないのは当然でした。

もとより、上生信仰の易行化は、貞慶以後も、旧仏教の人々によって真剣に企てられました。無住の『沙石集《しやせきしゆう》』や知道の『好夢十因《こうむじゆういん》』などには、そうした努力のあとがうかがえます。しかし、かれらが「弥勒上生信仰も阿弥陀信仰に劣らず易行である」とくりかえし主張していることは、逆にいえば、民間で上生信仰がいかに諸行往生的と考えられ、布教がむずかしかったかの証拠です。長い浄土教の歴史で、その易行性や浄土の荘厳さなどで民衆に選択され広く信仰されてきたのは阿弥陀信仰です。その阿弥陀専修を弥勒など他尊の信仰で批判しても対抗できないのは当然で、そこに旧仏教による弥勒上生信仰の運動の大きな限界があったのです。

弥勒等同

旧仏教諸師の努力にもかかわらず、他力易行の阿弥陀浄土教隆盛の時代の流れに抗すすべなく、浄土教としての弥勒上生信仰の生命は終りました。しかし弥勒信仰には、死後の兜率上生の信仰と並んで、弥勒三会の説法を待つ下生信仰が含まれています。平安時代の末に三会の説法の日を期す埋経が流行したことは、すでに述べましたが、法然の師肥後阿闍梨皇円が大蛇に身を変えて弥勒下生を待とうとして、遠江国笠原庄桜池に入水したとか、極楽・兜率の往生のかなわぬ僧が長寿鬼に身をかえて、弥勒下生の日を待っているとか、さまざまな伝承も生みつつ、鎌倉時代の民衆の間で下生信仰は生き続けていました。

ところで下生信仰は、遠い未来の救済を説くようでありながら、強い現世信仰への転換の可能性を内に含んでいます。つまり下生信仰では、弥勒下生によって、この地上がそのまま一種の浄土になるのですから、もし弥勒下生を遠い未来ではなしに、現実のこととして理解すれば、未来信仰としての下生信仰は一転して、「現世の浄土」を実現するもっとも現世的な信仰となるのです。すでに中国では六世紀以来、貧困と圧政に苦しむ民衆が、「いまこそ弥勒下生のときである」「自分は弥勒の化身である」といった指導者の言を信じ、反乱をおこした例がいくつもあります。法然・親鸞の阿弥陀浄土教は、たしかにすべての人の来世の救済を実現しましたが、無住が『沙石集』で、「阿弥陀専修は後世《ごせ》の救済に重点をおき、現世に無関心だ」と密教の立場から批判したように、封建支配の下で現実の生活に苦しむ民衆《みん》にとっては、一面で強い不満を残したのでした。親鸞と東国門徒の間で論議されたという弥勒等同《ろくとうどう》は、その意味で興味深いものがあります。

弥勒等同というのは、親鸞が、「弥陀の信心を得た人は、真の仏弟子であり、仏になることが定まっている弥勒と等しい人である」と述べたことによるもので、親鸞の真意とは別に、東国の信者の間では、この世で弥勒と等しい地位を得て、それにふさわしい待遇を受けるという、きわめて現世的な意味でうけとられたようです。「自分は弥勒と等しいのである」と公言する門徒もいたそうで、そこには、死後の救済にあきたらず、現世利益を求める民衆の間に、下生信仰が現世信仰化することで受け入れられて行く姿をみることができるのです。

ミロクの世

弥勒下生信仰は、こうして未来の救済から現世の救済へと、しだいに変化していったと思われます。弥勒等同が阿弥陀信者の間で論議される一方、民間の弥勒信者も、ただ「五十六億七千万年のあかつきの空を望む」だけでなく、弥勒下生を、より現実のものとして理解しはじめたのです。阿弥陀信仰が来世信仰として、決定的比重を占めてしまった中世から近世の弥勒信仰の歴史は、下生信仰の現世信仰化の歴史といってよいでしょう。一方では死後の極楽往生を求めながら、他方ではその現世拒否にあきたらぬ民衆は、小は日々の生活の中に、大は社会の変革の中に、弥勒下生によって実現するというミロクの世を夢みたのでした。

常陸鹿島地方では、祝いごとがあると老婆らが大勢あつまり、「世の中は、万劫末代、みろくの船が続いたァ……」という弥勒謡を歌うと『鹿島志』は記しています。また印旛郡雷公神社の祭日には、その年の新郎新婦が、弥勒にちなむ歌を歌います。これに類する歌は各地にみられますが、「米を満載したミロクの船が鹿島の浦につき、その米を十三小女郎（巫女）がまき、豊作の年が続く。そうした世こそミロクの世であり、それが永久であってほしい」というのが共通する内容です。凶作の年にミロクが現われ、竹の花を咲かせ実をならせて人々を救うとか、ミロクの世にはだれも働かず、果実が自然に落ちるのを拾って食べて暮す、といった民間伝承と合わせてみれば、封建支配下の貧しい民衆が描いた、幻のユートピアとしてのミロクの世がどんなものであったかわかるでしょう。

こうした弥勒下生への期待が、社会変革を求める意識と結ぶと、幕末の世直《よなお》し一揆《いっき》となって爆発します。慶応二年（一八六六）、福島県信夫《しのぶ》郡と伊達郡でおこった有名な信達一揆の際、一揆参加者は「呑物《のみもの》、食物はもちろん着物までも不足なく、まことにミロクの世なりけり」と、世直しによって実現する社会をただ飲みただ食いの「ミロクの世」という幻想で理解していました。その翌年、東海道を中心に民衆を狂乱させた「エエジャナイカ」の際にも、空から弥勒が降りたとされ、「弥勒ぼとけの御威光で、五穀成就ありがたい」と歌われたのでした。

こうしたミロクの世の幻想は、明治維新後は、形を変えながら、大本《おおもと》教、霊友《れいゆう》会、ミロク教はじめ、さまざまの新興宗教によって説かれ続けました。西方弥陀の浄土に押しせばめられて、弥勒の天国はしだいに高く遠のき、いまやそこに往生を願う人は絶えてまれとなりましたが、いつの日かこの地上に訪れるであろう幻のユートピア、ミロクの世への期待は、いまなお民衆の心の奥底に連綿と生き続けているのです。

文　殊

尊の名称

梵名マンジュシュリー（Mañjuśrī）を音訳して、文殊師利《もんじゅしり》または曼殊室利《まんじゅしり》と書き、略して文殊とよびます。あるいは、妙吉祥、妙徳、妙音などと訳すこともあります。文殊は後にのべるようにさまざまに形像が分化しますが、その真言の数によって五字文殊、一字文殊（文殊一字）、六字文殊（文殊六字）、八字文殊（文殊八字）、頭上の髻《もとどり》の数によって五髻《けい》文殊、一髻文殊、などの尊名でよばれる場合もあります。

尊の成立

文殊は、舎衛《しゃえい》国のバラモンの子と伝えられ、仏滅後のインドに出世した実在の人物と考えられます。後に、普賢とともに釈迦の脇侍菩薩とされ、釈迦の代表的眷属《けんぞく》で、数多い菩薩の上首であり、「三人よれば文殊の智慧《ちえ》」のことわざのように、智を司る菩薩として親しまれましたが、その信仰の成立は、大乗仏教の菩薩思想発達と、軌を一にしているということもできます。

大乗仏教思想を確立した経典は、六波羅蜜《ろっぱらみつ》（菩薩が悟りに到るために修する布施《ふせ》・持戒・

忍辱《にんにく》・精進《しょうじん》・禅定《ぜんじょう》・般若《はんにゃ》という六つの代表的行《ぎょう》）の中の般若波羅蜜《はんにゃはらみつ》（智慧＝完全な認識による悟り）の意義を特に重視する『般若経』諸経典ですが、つねに般若の教えを宣揚する菩薩として登場するのが文殊師利であり、菩薩の実践的人格の象徴とされます。『般若経』の最初の形は紀元前一世紀ころ成立し、以後数世紀にわたって、各種の般若経典が作成されたと考えられます。文殊は、初期の般若経典ではほとんど現われませんが、紀元一〜二世紀に成立した般若系経典である『維摩経《ゆいまきょう》』では重要な役割を演じます。釈迦から、維摩の病気見舞いを命ぜられた十大弟子らが、維摩の弁舌をおそれていずれも辞退し、ついに文殊が釈迦の名代として維摩の方丈を訪ねます。そこで維摩との間で、大乗不二の法門について大いに論じあう場面があり、般若の教えを宣揚する、智慧第一の大菩薩としての文殊の性格がよく出ています。以上のことから考えるなら、文殊は、一世紀末ころまでに成立したとされる観音よりも、やや後の時期にインドで成立したであろうとする見解が、一番妥当のように思われます。

一髻文殊。「図像抄」より

諸経典に説く文殊

『維摩経』が般若思想を宣揚する智の菩薩とし

て、文殊を描いていることは、すでに述べたとおりですが、この他にも文殊に言及した経典は少なくありません。

まず有名なのは『法華経』序品に、文殊が釈迦の師にあたるという内容が説かれていることです。序品では、釈迦の前に弥勒・文殊らが集い、『法華経』の由来が語られますが、それによると、かつて日月灯明仏の八人の王子は、灯明仏が出家し、妙光菩薩（文殊の前身）によせて『法華経』を説いたとき弟子となり、灯明仏滅後は妙光菩薩を師としてあいついで成仏します。その八王子の一人が成仏し、燃灯仏となりますが、この燃灯仏こそ釈迦の前世の姿とのことですので、言葉をかえれば文殊は釈迦の師となるわけです。『法華経』は日本人にもっとも親しまれた経典ですから、後に日蓮が「文殊は釈迦九代の御師」と『開目鈔《かいもくしょう》』で説いたのをはじめ、文殊は釈迦の師として広く尊ばれました。また『心地観経』には「文殊師利大聖尊、三世諸仏もって母となす。十方如来の初発心、みなこれ文殊教化の力なり」とあり、『梁塵秘抄』がこれをうけて、

文殊はそもそも何人《なにびと》ぞ　三世の仏の母と在す　十方如来諸法の師　みなこれ文殊の力なり

と歌ったように、この思想も深くうけ入れられました。

しかし文殊の菩薩道宣揚という点で特に有名なのは、『華厳経』入法界品《にゅうほっかいほん》でしょう。ここでは菩薩道の実践を、善財童子《ぜんざいどうじ》という一青年の求道の旅を通して、具体的に説いています。

愛欲にそまった自分の姿を懺悔反省する善財は、善知識を求めての菩薩行を文殊に問い、その教えで、まず和合山に住む比丘を訪れます。以下第一の善知識は第二の、第二は第三の善知識を教え、善財はこれに従って永い旅を続けます。比丘・比丘尼・長者や王・仙人・バラモン・外道《げどう》の人や遊女まで、あらゆる階層の人びとに接し、聞法求道を続ける善財は、五十二番目の善知識弥勒の教えで、再び最初の文殊のもとに還ります。文殊の教えで最後に普賢を訪れた善財が、仏の教えを信ずるものこそ、最高究極の悟りを得て諸仏と等しくなるであ

安倍文殊院騎獅文殊菩薩像

ろうとの、「信」の讃歎を聞くところで、『華厳経』は幕を閉じます。ここに、一人の若者を自他不二の智慧・慈悲の願行である菩薩道実践にめざめさせる、文殊そして普賢の特色が、いかんなく描かれています。

形像の特徴

平安時代の末の『今昔物語集《こんじゃく》』が、普賢は六牙《ろくげ》の白象王《びゃくぞうおう》に乗り、文殊大士は威猛獅子王《いみょうししおう》に乗り、釈迦の左右に従ったと記すように、普賢の象に対し文殊の獅子というのが一般的イメージです。しかし文殊が獅子に乗るという像容は、最初から成立していたわけではありません。インドでこの像容が定着するのは、現存遺物による限り、密教化がはじまるパーラ王朝（八世紀中期以後）という説もあります。

中国における文殊像は、龍門・敦煌石窟などの例をみれば、まず『維摩経』の所説によった、維摩との問答像として造られました。日本の場合、天平時代初期とされる法隆寺五重塔文殊像が、維摩との問答の彫刻として最古の作とされます。これら文殊像は、いずれも獅子と無縁の姿です。ちなみに、わが国における最古の文殊画像は、法隆寺金堂《こんどう》八号壁の独尊像で、成立年代は七世紀末から八世紀初めと考えてよいでしょう。この八号壁は、十一号壁の普賢と組み、本来南大壁であるべき釈迦浄土図に連なる構想であったと思われます。この金堂壁画で普賢は、象に坐した姿で描かれていますが、文殊は、やはり結跏趺坐して維摩と問答する姿をとっており、獅子は描かれておりません。

文殊と獅子を結びつけた最初の経典は、初期の密教経典である『陀羅尼集経《だらにじつきよう》』でしょう。その巻一に「(文殊の)身は皆白色にして頂背に光あり。七宝の瓔珞《ようらく》、宝冠天衣《てんね》種種荘厳し、獅子に乗ず」とあります。『陀羅尼集経』は六五三年に漢訳され、日本には八世紀中ころの天平年間に伝わっていました。しかし奈良時代には獅子に乗った文殊像はなく、いわゆる騎獅文殊像は、平安時代初めに円仁《えんにん》によってはじめて伝えられたとされます。円仁の騎獅文殊像は中国五台山《ごだいさん》の文殊像を範としたものです(一四〇頁参照)。『華厳経』には、文殊は東北の清涼《せいりよう》山に住むとありますが、この清涼山が中国では五台山に擬せられ、いわゆる「五台山文殊」の像容が生まれたのです。「五台山文殊」像は、文殊が清涼山で説法する場面で、文殊は獅子に坐し、合掌する童子と口綱を引く唐服の人物を配します。

五字文殊。「図像抄」より

この侍者が変化発達し、獅子の手綱を引く唐服の優塡《うてん》王、頭布をかぶった老人の婆藪《ばすう》仙(最勝老人)、合掌の二童子(善財・仏陀波利三蔵)を配したのが、いわゆる文殊五尊像です。さらに文殊が獅子に坐してこれら侍者を従え、海を越えてわが国に来臨する姿を描く、渡海《とかい》文殊像もあらわれます。やや特殊な像として、『文殊師利問経』などに説くところにより、戒律の師として寺院食堂などに老比丘の姿で示される僧形《そうぎょう》文殊、智慧第一にして清純ということから、童子形で示される稚児《ちご》文殊などもあります。

また密教系の文殊像の場合、その真言の字数と頭髻の相違で、いくつかのよび方のあることはすでに述べたとおりです。五字文殊は頂に五髻あり、右手に金剛剣、左手に青蓮の梵篋《ぼんきょう》を持ちます。一字文殊は、頂に一髻あり、左手に如意宝珠、右手に楊柳枝を持ちます。六字文殊は、頂に六髻あり、右手説法印、左手は胸上にあてます。八字文殊は、八髻で、右手に智慧剣、左手に青蓮華の華台に智杵をたてたものをとります。なお、「胎蔵界曼荼羅《たいぞうかいまんだら》」文殊院、「八字文殊曼荼羅」などには、文殊の眷属《けんぞく》として八大童子を説きますが、八大童子とは、請召《しょうじょう》童子、計設尼《けしに》童子、救護慧《くごえ》童子、烏波計設尼《うばけしに》童子、光網《こうもう》童子、地慧幢《ちえとう》童子、無垢《むく》光《こう》童子、不思議慧《ふしぎえ》童子、であるとされます。

文殊信仰の発達

文殊信仰は、中国ではまず『維摩経』に説くところの、維摩・文殊の法論への関心から始まりました。四世紀の東晋貴族社会における玄学清談の流行は、『論語』『老子』『荘子』と並んで仏典『維摩経』を貴族社交界の教養書とし、維摩文殊の般若空思想は、信仰というよりも、教養高き貴族社会の知識の具として愛好されました。貴族たちは維摩や文殊きどりでペダンティックな清談を楽しみ、これにちなむ像や絵が多く生まれました。維摩・文殊の法論は、法隆寺の壁画や彫刻などわが国にも伝えられましたが、その内容が、わが国の貴族の間で理解されたのは、平安初期の、文章経国的漢文学流行期をまたなければなりませんでした。九世紀末の菅原道真『菅家文草《かんけぶんそう》』には、山中に幽居する禅僧を文殊にみたてた詩がいくつも収められており、当時の文人貴族の文殊嗜好がうかがえます。こうした趣味的文殊礼讃の一方で、九世紀ころから文殊への社会的関心が、文殊会の創立と、唐にならって食堂に文殊像を安置すべきだとする天台宗の最澄の主張や、円仁の五台山文殊将来に刺激されて、盛んになってきます。

文殊会

天長五年（八二八）二月、太政官は諸国に命じ文殊会を行なうこととしました。それによりますと、はじめ文殊会は僧正勤操《ごんぞう》と元興寺《がんごうじ》の僧泰善の二人が、畿内の郡里で貧者に私的に食を施したものでした。これは『文殊般若経』に、「もし文殊師利の名を聞くものは十二億《おく》劫《ごう》の生死の罪を除却し、もし礼拝供養するものあれば、文殊師利の威神の護るところとなる。もし供養し福業を修しようとするならば、文殊は身を貧窮孤独苦悩の衆生にかえて、行者の前に至るであろう」とあるによります。すなわち貧窮孤独の人々に施しをすることが、そのまま文殊の供養になるというのです。勤操が没した後も泰善は一人この会を続けましたが、これが僧侶を統括する僧綱《そうごう》の注目するところとなり、ここに至って全国的に公的法会として行なわれることになりました。それによれば、費用は公稲を用い、さらに国郡司百姓などの寄付も合わせて、諸国郡ごとに僧侶を集めて、毎年七月八日に文殊会を行ないます。会の前後三日間は殺生を禁じ、集まった男女には、まず五戒を授け、薬師・文殊の宝号を称えさせた上で施します。承和四年（八三七）に至って、大・上国は二千束、中・小国は千束の正税《しょうぜい》を出挙《すいこ》して文殊会料にあてることが定められ、これは『延喜式《えんぎしき》』をみると、永く守られたようです。

十世紀の末の『三宝絵詞《さんぼうえことば》』は、貴族社会で行なわれた、さまざまの仏教年中行事を記していますが、この文殊会について、京では諸司から米塩を賜い、貴族や官人が銭を寄付して費用とし、東寺と西寺に乞者を集め、まず三帰五戒（在家の人が守るべき戒）を授けて、薬師・文殊の宝号をとなえさせたうえで施しをします。「はじめは僧の心ざしよりおこりて、今はおほやけごととなれり」と『三宝絵詞』に記すように、文殊会は王朝貴族の年中行事として盛大に行なわれたのでした。

文殊楼

中国では唐の後期から五代にかけて、山西省の五台山に生身の文殊が住んでいるという信仰が盛んになりました。五台山の湧水に五百の青龍が住み、それを文殊が統御しているという、土俗的水信仰と文殊信仰が結合したものともいわれますが、『華厳経』に説く文殊の住所清涼山が、五台山に擬せられ、この霊地に巡礼する風習が盛んになりました。入唐した天台宗の慈覚大師円仁は、承和七年（八四〇）に五台山に入り、山内諸大徳に会い、志遠和尚から天台の宗義を授かりました。ところで円仁は、まず五台山の中台を望見できる普通院で文殊像を礼し、食堂《じきどう》に入ると文殊像が安置され、さらに菩薩《ぼさつ》堂院でまさに動き出しそうな騎獅文殊像をみるなど、五台山の各堂に安置されている文殊像に強い印象を受けたようです。帰朝した円仁は、貞観三年（八六一）、比叡山に文殊楼《もんじゅろう》を営み、騎獅文殊像を安置しました。円仁没後、貞観十八年（八七六）当時の記録によれば、円仁本願の文殊楼は、五間堂で、高さ八尺の獅子に乗る文殊と、脇侍四軀などを安置しており、円仁が五台山巡礼の際、文殊の感応によって求道の大願を果し得たので、これをわが国に移し伝えたのだといわれます。こうして文殊楼は、比叡山の文殊信仰の中核として尊崇され、朝廷も荘園などを寄進してその維持に努めました。こうした文殊楼を中心とする天台の文殊信仰から、前にも述べた五台山文殊像、あるいは智慧と戒律の師表として、食堂の本尊となる老比丘形の文殊像などが発達したのです。

文殊法

円仁と文殊信仰の関係で、注目すべきもう一つの点は、密教の文殊法の導入です。円仁が天台密教発達の上で大きな役割を果したのは周知のところであり、かれは中国から熾盛光法《しじようこうほう》はじめ、新しい鎮護国家の修法をいくつも伝えますが、その一つに文殊八字法（八字文殊法）があります。文殊八字法は、中国では菩提流志《ぼだいるし》訳の『文殊師利菩薩八字三昧経』にはじまりますが、わが国では嘉祥三年（八五〇）に円仁が仁寿殿で修したのが最初とされます。後に天台密教では、この円仁の修法がわが国における文殊法の濫觴《らんしよう》として、「これ慈覚大師御門徒の最極秘法なり」と、大いに台密の秘法であることを誇示します。

文殊八字法は、内裏や貴族の建物の安泰を祈る安鎮法《あんちん》（鎮宅法《ちんたく》）として、文殊八字安鎮とよばれて修される場合もありますが、多くは除病延命・安産・天変消除などの息災法として重んじられました。円仁の後しばらく修法の例は絶えますが、十二世紀に入ると台密だけでなく、真言密教（東密）でも盛んに修されるようになり、密教の文殊信仰は、この文殊八字法を中心に発達するのです。

西大寺律宗と文殊

文殊信仰が社会的に大いに注目されたのは、十三世紀の西大寺律宗による文殊信仰鼓吹でしょう。寺院の世俗化と古代国家の没落は、末法到来の現われと理解され、そこから他力易行の専修念仏など鎌倉新仏教が発生しました。しかしその一方では、既成倫理を破壊する新仏教の行動を批判し、末法の世に釈迦在世の昔を再現しようとして、あえて厳しい自律の精神による民心教化を志す、既成仏教の動きも活発となりました。明恵・貞慶、そして西大寺律宗の叡尊《えいそん》・忍性《にんしょう》などはその代表であり、こうした鎌倉旧仏教の動きは、頽廃した既成仏教にも、過激な新宗教にも不満で、戒律や道徳を重視して思想善導的役割を果すようのぞむ、為政者の宗教政策とも合致し、社会的に注目されたのでした。

厳粛な律僧教団を設立した叡尊は、荒廃した奈良の西大寺を復興し、さらに畿内から東国まで周遊して、在家の信者に道徳律としての戒律思想をやさしく説きました。こうして叡尊が一生の間に戒を授けたものは、十万人に及んだといいます。菩薩道の実践をめざす叡尊らは徹底した慈悲の精神によって、さまざまの社会事業を行ないましたが、社会の最下層にあった非人《ひにん》宿に布施を施し、あるいは業病としてさげすまれた癩《らい》病患者のための病院を建てたことは、ことに有名です。

叡尊の門弟忍性は、若いときから文殊の信仰があったといいますが、ことに非人布施に熱心で、仁治元年（一二四〇）には私財を投じて額安寺《がくあんじ》西辺宿で文殊像を開眼供養し、四百人の非人に布施を施しました。以後も忍性は各地で文殊信仰を実践し、それは叡尊ら西大寺一門に大きな影響を与え、仁治三年（一二四二）には西大寺一門による文殊供養が北山宿で行なわれます。寛元二年（一二四四）の文殊惣供養のときなどは一千余人の非人に斎粥《さいしゅく》を施したとのことで、西大寺教団の文殊供養の盛大さがしのばれます。非人布施に文殊供養を行なった理由は、文殊は貧窮孤独の苦悩の衆生となって行者の前に至るとの教えによるもので（一三九頁参照）、非人癩者のようなもっとも恵まれない人に施すことこそ、そのまま文殊の供養につながると考えられたからです。また智恵と戒律の師表である文殊は、厳粛な戒律重視の教団にとって、もっともふさわしい理想の菩薩であったためともいえるでしょう。

いずれにせよ西大寺律宗による文殊信仰の鼓吹は、古来の文殊会の精神を再興したものとして注目すべきでしょう。平安貴族の間で文殊会はしだいに形式化した年中行事となってしまいましたが、私財を投じて貧者に施す文殊会の慈悲の精神は西大寺律宗の文殊供養に開花し、日本の文殊信仰は一つの頂点に達したということもできるでしょう。

普賢

尊の名称

梵名はサマンタブハドラ(Samantabhadra)、漢字で三曼《さまん》(満)多䟦捺《たばど》(陀)羅《ら》と書き、遍吉菩薩と訳することもあります。

三論宗の大成者として知られる隋の僧吉蔵(五四九〜六二三)は、『法華義疏』でこれにふれ、「普賢とはインドでは三曼多䟦陀羅というが、三曼多とは普《あまねし》、䟦陀羅とは賢の意味である。また中国で遍吉とも訳すが、遍は普、賢は吉と同じ意味である。……普賢という意味は普遍の法門ということである」と述べ、普賢は、十方世界に普《あまね》く現われ方便をもって人々を化することを説いています。また『大日経疏』には、「普賢菩薩とは、普はこれ遍一切処の義、賢はこれ最妙善の義」と説明しています。要するにこの菩薩は、その身相や功徳を一切処に遍く示すことがもっともすぐれているもので、文殊の智に対し、行《ぎょう》の菩薩とよばれることもあります。

形像の特徴

普賢菩薩の形像はかなり多様ですが、実際の信仰面から考えるなら、大きく三つに分けることができるでしょう。第一は、胎蔵界中台八葉院《ちゅうだいはちよういん》、同文殊院、金剛界第二院など曼荼羅の中に描かれ、あるいは『覚禅鈔』など、いくつかの密教図像集にもみられる像容で、持物は三鈷杵・三鈷鈴・蓮華・利剣などいろいろですが、普通の蓮台上に坐るのが共通している点です。第二は、釈迦三尊の脇侍として、文殊と対で表現される形像。第三は、法華経信仰の具体的礼拝像です。第二の場合、合掌形をとるものがほとんどないのに対し、第三の場合は、特に平安時代の女人信仰とされたこともあってか、柔和な面持で合掌形が一般的です。そして第二と第三の場合に共通するのは、象の上の蓮台に坐る点で、一見して第一の場合の形像と相違することがわかります。普賢菩薩といえば、われわれが頭に浮べるのは、獅子に乗った文殊に対し白象に乗った普賢であり、特殊な密教信仰は別として、第二・第三の場合のように象と結びついた形が、古くからの一般的通念でした。騎象の普賢像は中国では、七世紀中ころ（初唐期）の敦煌壁画にみられ、わが国では、八世紀初めの法隆寺金堂十一号壁の普賢が、すでに象に乗る姿です。

普賢菩薩。「図像抄」より

　くだって平安時代の末、十二世紀初めにできた説話集『今昔物語集』は、釈迦

が王舎城を出発した際に、

普賢大士は六牙《ろくげ》の白象王に乗て、（釈迦の）左の方に打立たまえり、文殊大士は威猛獅子王に乗て右方に打立たまえり。

と、普賢は「六牙の白象王」に乗った姿で描かれています。また『源氏物語』末摘花《すえつむはな》の巻では、光源氏が末摘花の顔をみた印象を、

あなかたは（見苦しい）と見ゆる物は御鼻なりけり。……普賢菩薩の乗物とおぼゆ。あさましゅう、高うのびらかに、先の方すこし垂れて、……

と描いています。『源氏物語』は宮廷の女房たちが愛読したと思われますが、そうした一般読者も、この「普賢菩薩の乗物」というたとえをすぐ了解したのでしょう。いかにもユーモラスで小説の表現としても効果的であり、普賢が宮廷を中心に女性の間で広く信仰されてなじみ深く、しかもその像容が象に乗っている姿であったろうことが、ここから容易に想像できるのです。

法華経と普賢

普賢が白象に乗るとは『陀羅尼集経《だらにじつきよう》』など一部の密教経典にも説かれますが、なんといっても一番有名なのは、『法華経』巻七の「普賢菩薩勧発品《かんぼつほん》」の記述です。これは第二十八品、すなわち『法華経』の最後にあたるもので、釈迦が法華の経意を一応説き終ったところに、普賢が東方から大衆を率いて来て、「未来の悪世において、どのようにして法華経の教えを得ることができるか」と問います。仏の教えに接した普賢は「われ今神通力をもってこの経を守護し、仏の滅後において広宣流布して断絶せざらしむ」と、自らの誓願によって衆生の自行を勧発し、守護することを明らかにします。その誓願の中で普賢は、

後の五百歳、濁悪の世の中でもし『法華経』を受持するものがいるならば、私（普賢）は、その人を守護し、衰患を除き安穏を得させ、魔者のたぐいもとりつけないようにしよう。人々が立ちつ歩きつでも『法華経』を読誦するならば、私は六牙の白象王に乗り、多くの菩薩を引きつれてその所に現われ、人々を守護し心を安んじさせよう。濁悪の世に人々が『法華経』を書写し、三七日の間（二十一日間）一心に精進するならば、私は六牙の白象王に乗ってその人の前に現われて説法しよう。

と誓います。つまり普賢は、仏滅後の末の世に、人々に法華の修行を勧《すす》め、法華の行者を守護しますが、その際、多くの菩薩をひきつれて現われる姿が、六牙の白象に乗ったものだというのです。

平安時代の末に、民間で流行した歌謡を後白河上皇が集めさせたという『梁塵秘抄《りょうじんひしょう》』には、『法華経』普賢品をテーマにした歌が三首収められています。

草の庵《いおり》の静けきに　持経法師の前にこそ　生々世々にも値《あ》ひ難き　普賢薩埵は見えたまへ

行往坐臥にこの経を　読む人あらば隙もなく　普賢遥かに尋ね来て　縁をば結びたまひけり

法華経娑婆に弘むるは　普賢薩埵の力なり　読む人その文忘るれば　ともに誦《ず》して覚《さと》らん

いずれも、普賢が法華持経者を守護し、『法華経』がこの世に弘まるよう勧発するという経意を歌ったもので、普賢が民間でも、法華信仰と結んで信奉されていたことがうかがえます。

観普賢行法経と普賢

『法華経』は諸経の王と讃えられ、古来多くの宗派で広く信奉された経典ですが、なかでも天台宗は、もっともこれを重んじ、さらに『無量義経』をもって『法華開経《かいきょう》』『観普賢行法《かんふげんぎょうほう》経《きょう》』をもって『法華結経《けっきょう》』とよび、『法華経』(正《しょう》)の前後に、導入と承結の内容であるこれら二経を加え、いわゆる開《かい》・正《しょう》・結《けつ》三経を一体とする信仰を成立させました。『今昔物語集』巻十三には、加賀前司源兼澄の娘が『法華経』を読誦したが『無量義経』と『普賢経』

は習わぬまま死んだところ、釈迦から『法華経』の他に「無量義経、普賢経をあいそえて読誦すべし」とさとされて蘇生し、後に三経を読んで往生したという説話があります。『源氏物語』や『栄花物語』には、法華三十講という言葉がよく出てきますが、これは『法華経』二十八品に開・結二経を合せて三十品とし、一日に一品ずつ説法しようとするものです。
このように『法華経』と結びついて重んじられた『観普賢菩薩行法経』の内容は、法華二十八品の最後の普賢品を受けて、普賢が行者に六根を消浄する懺悔の法を説くものです。

若し懺悔せんと欲せば、端坐して実相を念ぜよ。衆の罪は霜露の如く慧日よく消除す。この故に、まさに至心に六情根を懺悔すべし。

とあり、

積もれる罪は夜の霜　慈悲の光に副《たぐ》へずは　行者の心を鎮めつつ　実相真如《じっそうしんにょ》を思ふべし

という『梁塵秘抄』の歌は、この『普賢経』の経意をやさしく歌ったものです。つまり、われわれの身に積ったもろもろの罪は、夜の霜のようなもので、仏の慈悲の朝日によって消えてしまう。もしそれでも消えないときは、法華の行者は、普賢の教えの通り心を鎮めて、真《しん》如実相《にょじっそう》の理を観じ、六根《ろっこん》（眼・耳・鼻・舌・身・意という、六つの代表的感覚認識機能）の罪障を懺悔せよ、というのです。

この、端坐して真如実相を念ずる――この世のありのままなる真実の姿を観る――とは、天台宗の教学の根本である『摩訶止観《まかしかん》』に説く四種三昧《ししゅざんまい》の一つ、法華三昧《ほっけざんまい》に発展して行きます。六世紀の中国に現われて天台宗の基礎を固めた天台大師智顗《ちぎ》は、止観――心乱れることなく対象に集中し真理を観て覚《さと》りに至る――ための具体的方法として四つの三昧をあげました。その一つの法華三昧とは、道場に『法華経』を安置し六根を懺悔するもので、そうすると普賢が六牙の白象に乗って現われる、というので普賢三昧ともよばれます。『摩訶止観』のいう六牙の白象とは、行者が主体的にやがて得るべき精神上の能力を象徴するものですが、『法華経』普賢勧発品ならびに『観普賢経』の、普賢出現と懺悔滅罪の信仰が、その根底にあります。『摩訶止観』は、日本天台でも教学の根本とされ、法華三昧・法華懺法は天台の重要な儀礼とされましたから、普賢の信仰は、こうした天台宗の流れにおいて特に発達しました。

普賢の十願

ところで普賢の信仰を構成する、もう一つの重要な経典に、『華厳経《けごん》』があります。そこでは、普賢はことごとく一切の仏刹《ぶっさつ》(仏国土)、すなわち世界のあらゆる場所にあって身を現わし、ことごとく諸々の法門に入り、その徳は思いも及ばないほどだ、と説かれています。こうした広大無辺の徳行《とくぎょう》としてことに有名なのは、普賢の十願とよばれるもので、『華

厳経』普賢行願品に、

もしこの功徳門を成就せんと欲せば、まさに十種の広大の行願を修すべし。なんらをか十となす。一には諸仏を礼敬す。二には如来を称讃す。三には広く供養を修す。四には業障を懺悔す。五には（仏の）功徳を随喜す。六には（諸仏に）法輪を転ぜんことを請う。七には仏の住世（涅槃に入らずいつまでもこの世に住むよう）を請う。八には常に仏に随って学ぶ。九には恒に衆生に順う（衆生の機根に順応して救う）。十には普く皆な廻向する（以上の功徳を一切衆生に廻向する）。

と説くものです。この普賢の十願は、その徳広大で、一切菩薩の行願をこの中に収めつくしていることあたかも海の如くなので、「普賢の願海《がんかい》」ともよばれます。もし深信の心をもってこの大願を受持読誦する人あれば、その人は命終るとき、一刹那のうちに極楽世界に往生できるというのです。

以上の『法華経』『観普賢経』『華厳経』などの説くところをまとめてみれば、普賢とは、無辺無量広大な行願を具足し、あまねく一切の仏国土、すなわち時と処をえらばず、あらゆる場所に姿を現わし、法華の修行者を守り、懺悔する人々の罪障を除く菩薩ということになります。前にもふれたように、吉蔵が、普賢の名は普遍の法門を意味すると『法華義疏』で述べているのは興味深いところです。

普賢信仰の発達

中国ではすでに五〜六世紀の雲崗石窟に、法華信仰にもとづくと思われる文殊と白象に坐す普賢の対の像や、普賢菩薩独自の龕がみられ、わが国でも法隆寺金堂壁画に普賢が描かれています。しかし現存史料による限り、飛鳥・奈良時代に信仰の実例は乏しく、貴族などの間で普賢が重んじられるようになるのは、平安時代ことに天台宗の浄土教が盛んになる十〜十一世紀以後です。これは、すでに述べたように、普賢の信仰が天台宗と深い関係にあったことを考えれば、当然ともいえます。十一世紀初めの『源氏物語』や『栄花物語』には、「普賢講《ふげんこう》」の話がしばしば出てきます。たとえば『源氏物語』松風では、光源氏が嵯峨の御堂で毎月、普賢講と阿弥陀・釈迦の念仏の三昧を行なっています。この普賢講とは普賢三昧(法華三昧、一五〇頁参照)のことで、この場合は、止観本来の三昧というよりも、普賢の徳をたたえ六根の罪障を除き浄土に往生しようと願う、浄土信仰的色彩が強いものであったろうと思います。

いったい普賢の信仰が当時盛んになってきたのは、天台を中心とする浄土教信者の間で、「普賢の十願」が重んじられたことに大きな理由があります。十世紀の末に天台浄土教学を確立した源信は、『往生要集』で普賢の十願をあげ、その徳行は思いはかることもできないほどだとたたえています。十一世紀にできた『法華験記』によると、越中の国守で浄土教信者の藤原仲遠は、毎日、普賢の十願をとなえていたそうですし、十二世紀初めに『拾遺往生伝』を編纂した三善為康《みよしためやす》は、「弥陀の願をもてわが願となし、普賢の行《ぎょう》をもてわが行となす」と、その宗教的信条を宣言しています。こうした平安浄土教と普賢の関係は、当時の浄土教が天台宗を中心に発達したことによるとともに、源信ら浄土教学者によって、浄土教信者のあるべき姿とは、上は菩提を求める自利行と、下は衆生を化す利他行を合せた、菩薩道の実践であるとされていましたので、一切の菩薩の行願を代表するという普賢の十願こそは、その理想とされたからでしょう。

普賢信仰の民衆化

鎌倉時代、新仏教がおこり浄土教が他力的色彩を深めると、普賢の性格も多少変ってきます。源平の内乱のころできた『宝物集』は、「普賢大士ことに懺除業障の願ありて、懺悔の教主といわれたまう」と、普賢の願の中心を「懺悔滅罪」に求めています。また鎌倉時代の『沙石集』は、普賢の十願の特色は、一切衆生につねに随って方便教化することで、「然レバ身ヲアマタニ分チテ、六道四生ノ無縁ノ衆生スラ、ナオツキソ」い、浄土に人々を導くとしています。すなわち普賢の滅罪や六道に苦しむ人々の間に、身をさまざまに変えて現われ浄土に導くといった他力的な面が、ことに強調されるようになってくるのです。

普賢による浄土往生思想は、鎌倉時代以後阿弥陀専修の勢が強くて、『沙石集』などが勧めるほどには広まりませんでしたが、時代が下るにつれ、普賢がさまざまに身を変えて、人々の間にまじわり化度するという信仰は盛んになりました。鎌倉中期の『古事談《こじだん》』や『十《じっ》訓抄《きんしょう》』には、十世紀ころの聖として知られる書写山性空《しょうくう》上人に仮託した、つぎのような説話があります。

性空が生身の普賢に会いたいものと祈念したところ、霊夢があって、「生身の普賢を見奉らんと思はば、神崎《かんざき》の遊女の長者をみるべし」と告げられます。神崎は江口《えぐち》ともよばれ、西海と京都との海路を結ぶ河港で、色里として知られたところです。不審に思った上人が長者を訪ねると、長者は客を相手に鼓を打ち歌を歌っています。上人が一心に祈って長者をみつめると、不思議にも遊女の長者は、六牙の白象に乗り眉間から光を放ち、悩める道俗貴賤男女を照す普賢の姿に変わりました。遊女が歌うはやり歌も、上人の耳には真如の理を説く普賢の説法と聞こえます。感涙にむせんだ上人が再び目をあげれば、そこにあるのは酔客相手に歌を歌っているもとの遊女の姿です。上人が泣く泣く立ち去りますと、遊女の長者はあとを追って来て「この事は口外に及ぶべからず」と告げ、そのまま息たえます。香があたりに満ち、普賢が本来の菩薩の世界に帰ったことが知られます。

この説話は、『法華経』や『観普賢経』の普賢示現、『華厳経』の恒順衆生の思想をその極まで推し進め、普賢は衆生化度の悲願を達するため、当時の観念でもっとも卑しい身分の遊女にまで姿をかえているというもので、後になると、謡曲の江口《えぐち》や長唄の時雨西行《しぐれさいぎょう》など、さまざまの類似の話に発展し、江戸時代には、普賢にみたてた遊女の画まで描かれるようになりました。ここにおいて日本の普賢信仰は、その民衆化という点で一つの頂点に達したといえるでしょう。

普賢延命法

ところで日本の普賢信仰の、もう一つの流れに密教系の信仰があり、その具体的な現われが普賢延命法です。普賢延命法とは『金剛寿命陀羅尼念誦法』によって、普賢延命菩薩を本尊とし、増益延命を祈る修法です。奈良時代に聖武天皇が病気になったとき、新薬師寺で七日間「続命法《ぞくみょうほう》」を行なったという『続日本紀《しょくにほんぎ》』の記事があり、これを延命法のはじまりとする説もありますが、この場合本尊は、多分普賢ではなく薬師だったでしょう。平安時代になると、十世紀ころから貴族や天皇の病気の際、盛んに延命法が修されます。しかしこの段階では「普賢延命法」と明記した史料はみあたらないので、普賢を本尊とする延命法かどうかはっきりしません。普賢延命法という言葉が出てくるのは、十一世紀後半、天台密教（台密）の修法形成の上で大きな役割を果した、谷《たに》阿闍梨《あじゃり》皇慶《こうけい》のころからです。以後、普賢延命法は、台密・東密を問わず修されましたが、ことに台密では、四箇大《しこたい》法《ほう》の一つとして重んじられました。四

普賢延命。「別尊雑記」より

箇大法とは、鎮将夜叉《ちんしょうやしゃ》、熾盛光《しじょうこう》、七仏薬師《しちぶつやくし》、普賢延命、大安鎮《だいあんちん》の中から四つを数えて台密の特色とするものです。

普賢延命菩薩は、梵名を、バジラーモーグハサマヤサットバ（Vajrâmogha-samaya-sattva）といい、増益延命の三昧に住した普賢菩薩の姿とされます。普賢菩薩、普賢延命菩薩、延命菩薩、そして密教で菩提心を象徴する金剛薩埵《こんごうさった》（梵名バジラサットバ、Vajra-sattva 金剛手菩薩、金剛秘密主菩薩ともいう）は同体とされ、この関係をめぐって古来密教の学者の間ではいろいろ議論があります。普賢延命菩薩の形像は、二臂と二十臂があり、ふつうは一身三頭の白象（四白象のこともある）に乗りますが、象に乗らず蓮座に坐り五鈷鈴と五鈷杵をとる二臂像もあります。修法を行なう場合、ただ延命法というときは普通法《ふつうほう》（壇の数は一壇だけ）で二臂像を本尊とし、正式に普賢延命法というときは大法立《たいほうた》て（四壇で修す正式の形）で二十臂像を本尊とするという説もあります。

もっともこうした議論は、密教の僧侶の間で行なわれたことで、一般民衆の考えていた普賢延命とは、懺悔の教主としての普賢に延命を願う素朴なものでした。『今昔物語集』巻二十四には、普賢の延命の功徳についての民衆の理解を示す、つぎのような説話があります。登照《としょう》という有名な相人《そうにん》（人相見）が、ある夜家の前を通る若い男の笛の音色を聞き、その男の寿命が今夜にも尽きることを知りました。ところが次の夜、もう死んでいるはずの男がまた笛を吹いて通り、しかも音色で判ずれば、寿命は昨夜よりずっと延びたようです。不思議に思った登照が男を呼んで昨夜なにか特別なことをしたかとたずねますと、男は「昨夜は、ある人の普賢講によばれて伽陀《かだ》（偈や頌に曲譜をつけたもの）につけて夜もすがら笛を吹いていました」と答え、登照は「定メテ普賢講ノ笛ヲ吹テ、ソノ結縁ノ功徳ニ依テ、忽《タチマチ》ニ罪ヲ滅シテ命延《ノビ》ニケリ」と悟ります。普賢講とは前にもふれたように天台の法華三昧のことで、普賢の徳をたたえ六根の罪障を消除しようとするものです。そうした懺悔滅罪がそのまま延命につながるというのは、日本人の伝統的心情としてのハラエの思想が、根底に流れているとみるべきでしょうか。いずれにしても民衆の考える普賢延命の信仰とは、普賢の懺悔滅罪の徳を根本とするものであったことがわかります。

十羅刹女《じゅうらせつにょ》

最後に、普賢信仰に付随するものとして、十羅刹女の信仰にもふれておきます。十羅刹女というのは『法華経』陀羅尼品に出てくる藍婆《らんば》（Lambā）、毗藍婆《びらんば》（Vilambā）、曲歯《こくし》（Kūṭadantī）、華歯《けし》（Puṣpadantī）、黒歯《こくし》（Makuṭadantī）、多髪《たはつ》（Keśinī）、無厭足《むえんぞく》（Acalā）、持瓔珞《じようらく》（Mālādhārī）、皐諦《こうたい》（kuntī）、奪一切衆生精気《だついっさいしゅじょうしょうけ》（Sarvasattvojohārī）の十人の羅刹女です。陀羅尼品によると、薬王《やくおう》菩薩・勇施《ゆうせ》菩薩・毘沙門天《びしゃもんてん》・持国天《じこくてん》が『法華経』護持者の擁護を仏に誓ったのに続いて、十羅刹女と鬼子母神《きしもじん》も仏前に進み、『法華経』を受持読誦するものを擁護すると誓います。これら二菩薩・二天・十羅刹女・鬼子母神と、勧発品で法華の擁護者とされる普賢を併せ描いて一図を構成したのが、「普賢十羅刹女像」とよばれるものです。普賢と十羅刹女その他の間には、『法華経』擁護という点を除けば、有機的な関係はありません。

十羅刹女は、持物については諸説あり一定しませんが、多くは天女形《てんにょ》、あるいは十二単衣の大和女の姿で描かれ、品格と慈愛をかねた女性群像の絵は、おごそかな仏画の世界に一種の艶麗さを加えています。現存する最古の遺例は、天永三年（一一一二）建立と伝える鶴林寺太子堂内陣の柱絵であり、貴族の日記をみても、やはり十二世紀中ころから、主に女性の追善供養を目的として普賢十羅刹女像が描かれるようになります。

平安時代後期、普賢は女人信仰の対象として柔和な女性的表現で描かれ、個人の念持仏とされたと思われる例もありますが、こうした十羅刹女像と女性の追善供養の深いかかわりも合わせ考えて興味深いところです。中世以後、十羅刹女は法華擁護の善神として、ことに日蓮宗で信奉され、今日でも一般になじみ深いものとなっています。

虚空蔵

尊の名称

梵名はアーカーシャガルブハ（Ākāśagarbha）、漢字では阿迦舎蘗婆と書きますが、一切衆生を利益する広大な徳にちなみ、虚空蔵《こくうぞう》とよばれます。虚空蔵の意味については、鎌倉時代の『覚禅鈔』が『大日経疏』第十一の「虚空の破壊すべからず、一切能《よ》く勝《まさ》るものなきが如くなる故に、虚空などと名づくるか。また蔵《ぞう》とは、人の大宝蔵ありて欲する所のものに施し、自在にこれを取りて貧乏を受けず、如来虚空の蔵もまた是のごとし。一切の利楽衆生の事は、みな中より無量の法宝を出し、自在に受容して窮竭の相なく、虚空蔵と名づくるなり。この蔵はよく一切の仏事を生ずるなり」という文を引用して説明しているよう

虚空蔵菩薩。「別尊雑記」より

に、無量の功徳を蔵する菩薩ということでしょう。虚空蔵のことを、密教で金剛蔵《こんごうぞう》とか金剛《こんごう》宝《ほう》と記している場合もありますが、意味することは同じです。

形像の特徴

現存する虚空蔵像の形像持物はかなり多様ですが、一般にみられる基本的な形像は、剣と宝珠を持つ形と、宝珠をのせた蓮華を持つ形です。すなわち、胎蔵界曼荼羅虚空蔵院《たいぞうかいまんだらこくうぞういん》の像は、『諸説不同記』によれば、頭に五仏の宝冠を戴き、右手に剣、左手に蓮上の宝珠を持ちます。『大日経疏』第五に、左手に蓮華を持ち、花の上に大刀印があって焔光を発すると説く形像は、これに関係するといわれます。

一方、『虚空蔵菩薩能満諸願最勝心陀羅尼求聞持法』に説かれ、求聞持法《ぐもんじほう》（一六二頁参照）の本尊とされる像は、蓮華座上に坐る半跏像で、宝冠に五仏の坐像を表し、左手に蓮台に宝珠をのせた蓮華を執り、右手は与願印を表します。この形像が虚空蔵像としては、もっとも広く流布しているようです。

初期の虚空蔵信仰

インドでも中国でも、虚空蔵菩薩は独立した菩薩信仰としては、それほど盛んでありませんでした。わが国に虚空蔵の信仰が伝わった年代は明らかでありませんが、おそくも奈良時代の初め（八世紀前半）には、道慈《どうじ》などによって中国から経典が伝えられたと思われます

（一六三頁参照）。正倉院に伝えられる写経文書をみると、『虚空蔵菩薩経』はじめ、十種類におよぶ関係経典が、天平時代以後かなり盛んに写されており、また僧侶になろうと修行中の、優婆塞《うばそく》たちの学習した経目として、『虚空蔵咒』『虚空蔵経陀羅尼』などの名がみえますから、虚空蔵は比較的親しまれた存在であったようです。

当時の虚空蔵信仰の一つの傾向は、地蔵や観音と対《つい》で造られた例がしばしばみられることです。例えば『東大寺要録』によりますと、天平十九年（七四七）、光明皇后の願により、高さ一丈の虚空蔵菩薩像と地蔵菩薩像が造られ、東大寺講堂に安置されました。この像は現存しませんが、京都の広隆寺でも、貞観二年（八六〇）ころ権律師《ごんのりつし》道昌《どうしょう》の発願で、居高六尺五寸の虚空蔵像と地蔵像が造られたと『資財帳』に記され、現在その像と思われるものが広隆寺に伝えられています。

虚空蔵菩薩。「別尊雑記」より

虚空蔵と地蔵を対にするのは、天地和合・陰陽感応をあらわすとする説があります。この説は、なお検討の必要があると思いますが、虚空蔵と地蔵は、バラモン教の天神（ディアウス）と地神（プリティヴィー）に由来して関係深いものがあり、この他、虚空蔵像の前で『虚空蔵経』と『地蔵十輪経』を読むような例もみられます。一方、東大寺大仏殿では、大仏の左に観音、右に虚空蔵が脇侍として立っており、これは『観虚空蔵菩薩経』によって、観音と虚空蔵を対にしたといわれます。この場合、虚空蔵は戒律思想の関係で大仏の脇侍になったろうと推定する説もありますが、いずれにせよ地蔵や観音と対にした造像は、虚空蔵を本尊とする求聞持法などの虚空蔵信仰とは、多少とも性格を異にするといえるように思われます。

虚空蔵求聞持法

虚空蔵求聞持法《こくうぞうぐもんじほう》の名を有名にしたものは、なんといっても真言宗の開祖空海が、十八歳で大学を中退し山林修行に身を投じたきっかけを記した、『三教指帰《さんごうしいき》』序文の一節でしょう。

ここにひとりの沙門《しやもん》あり。余に虚空蔵求聞持の法を呈《しめ》す。その経に説く、もし人、法によってこの真言一百万遍を誦すれば、すなわち一切の教法の文義、暗記することを得《う》と。

虚空蔵求聞持法によって、青年空海に真言密教への関心をかきたてさせたこの僧については、古くは大安寺の勤操《ごんぞう》、近年では空海と同じ讃岐出身の戒明《かいみよう》とする説がありますが、はっきりしたことはわかりません。しかし、その当時、一切の教法の文義を暗記することができるという、求聞持法が盛んであったことをうかがえます。この求聞持法を修する僧たちの集団としてことに有名なのは、吉野の比蘇《ひそ》山寺に集うた修行者たちで、彼らは、虚空蔵を祈願し自然智《じねんち》（生まれながらの智）を獲得しようとしたので、自然智宗《じねんちしゅう》とよばれました。

虚空蔵求聞持法の所依の経典は、唐の善無畏《ぜんむい》が訳した『虚空蔵菩薩能満諸願最勝心陀羅尼求聞持法』であり、ちょうど善無畏が訳した当時在唐した道慈《どうじ》によって、はやくも養老二年（七一八）にはわが国に伝えられたと推察されています。道慈が伝えた求聞持法は、当初から奈良の仏教界に大きな反響をよんだらしく、比蘇山を中心に、多くの虚空蔵信仰の伝承を生みました。まず自然智宗の先駆として知られるのは、奈良時代の初め、元興寺に住み後に比蘇山に入った神叡《しんえい》で、彼は虚空蔵菩薩の霊感を得たとか自然智を得たと世にうわさされました。『今昔物語集』によると神叡は、道慈に自分の智のおよばざるをなげき、吉野の現光寺の水煙《すいえん》の透彫に鋳付けられた虚空蔵菩薩像にひもをつけて引っぱりながら「願わくは虚空蔵菩薩、われに自然智恵を得しめ給え」と願ったそうです。平安時代の初めに没した法相宗の学匠護命《ごみょう》は「月の上半は深山に入りて虚空蔵法を修し、下半は本寺にあって宗旨を研精す」という生活を送っていましたが、彼は法相教学では神叡の流れをくむとともに、その虚空蔵法においても、神叡の自然智の伝統をうけついでいました。

求聞持法の修し方は、白い絹布に満月（円）を描き、その中に、金泥で宝蓮に半跏した虚空蔵菩薩の像を描きます。これを清浄な場所に安置し、供物を用意し、目を閉じて念じ陀羅尼を誦します。菩薩の心の上に一満月があり、誦するところの真言の字がその月の中に現われ、すべて金色に耀《かが》やき、やがて月から飛び出して行者の頭にふりそそぎ、口から出て菩薩のところに帰って行く、と想念するのです。ことに日蝕のとき、酥（チーズ）を用意して陀羅尼をとなえるなら、このチーズは神薬となり、これをたべると、一度よんだ経の文句は絶対に忘れないというのです。

この求聞持法を修し験を得たことで、護命と並び称せられたのは、道昌《どうしょう》です。道昌は貞観十七年（八七五）に七十八歳で没しましたが、空海に学んで、若いころから淳和天皇の信任厚く、宮中の法会では必ず首座をつとめました。こうした道昌のめざましい活躍は、「道昌僧都は、法輪虚空蔵の加持の力によって自然智を得て、位は僧都に登る」と『覚禅鈔』などが記すように求聞持法の験力と考えられたようです。伝えられるところによると、天長六年（八二九）の夏、道昌は空海の指示によって嵯峨の葛井山寺に入り、百ヵ日の間、求聞持法を修しました。その満願の夜の明け方、東天に現われた明星を道昌が拝したところ、電光のような光炎がかがやいて、明星天子が道昌の前に出現し、それとともに道昌の袖には虚空蔵菩薩の姿が浮かびあがりました。明星天子は、空海が求聞持法を修したときにも「明星来影す」と伝えられるように、虚空蔵の化身とされます。道昌は、このとき感得した虚空蔵の姿を木像に彫《きざ》みましたが、この霊像が、葛井寺すなわち嵯峨法輪寺の虚空蔵菩薩像であるといわれます。こうして嵯峨法輪寺は、虚空蔵求聞持法の霊場として世に知られるようになりました。『今昔物語集』には、法輪寺虚空蔵の霊験を伝える説話を収めています。志と能力はあるのに遊び暮らしていた比叡山の僧が、法輪寺参詣の帰りにふと宿った女にひかれ、女の励ましで学問に打ちこみ、三年の後には立派な学僧となります。そこで本意を達するべく女のもとを訪れますが、目が覚めてみれば嵯峨野で一人寝ていました。おどろいて法輪寺に詣ると霊夢があり、僧は、虚空蔵菩薩が学問を勧めるため女に身を変えていたことを悟ります。『今昔物語集』が書かれた平安時代の末に、嵯峨法輪寺が学問成就の霊場として、知られていたことがうかがえるでしょう。十一世紀の末、右大臣藤原宗忠も、その日記『中右《ちゅうゆう》記《き》』に、少年のころたびたび法輪寺に参詣し、「才学の事」を祈ったと記しています。

五大虚空蔵

道昌と同じころ活躍し、貞観二年（八六〇）に没した僧正真済《しんぜい》は、高尾の神護寺の塔に五大虚空蔵菩薩像を安置し、春と秋に『虚空蔵経』と『十輪経』をよんで鎮護国家を祈りました。五大虚空蔵とは、密教でいう金剛界の五智《ごち》如来《にょらい》、すなわち大日・阿閦《あしゅく》・宝生・阿弥陀・不空成就の五仏の所変、あるいは虚空蔵菩薩の五智が開いて、五尊になったものといわれます。いずれにせよ、真済が『虚空蔵経』をその前で読んだことでもわかるように、虚空蔵信仰の展開と考えてよいでしょう。

五大虚空蔵は、また金剛界五仏であるところから五大金剛虚空蔵とよばれ、その各尊名は、中央が法界虚空蔵（また解脱虚空蔵・智慧虚空蔵ともいいます）、東方が金剛虚空蔵（また福徳虚空蔵・愛敬《あいぎょう》虚空蔵・福智虚空蔵ともいいます）、南方が宝光虚空蔵（また能満《のうまん》虚空蔵・官位虚空蔵ともいいます）、西方が蓮華虚空蔵（また施願《せがん》虚空蔵・能満虚空蔵ともいいます）、北方が業用《ごうよう》虚空蔵（また無垢虚空蔵・福徳虚空蔵ともいいます）とされます。各像の形像については諸説ありますが、一般に法界虚空蔵は白色、金剛虚空蔵は黄色、宝光虚空蔵は青色、蓮華虚空蔵は赤色、業用虚空像は黒紫色であり、神護寺五大虚空蔵像の場合は、いずれも宝冠をいただき蓮座に坐り左手に三鈷《さんこ》鉤《こう》を持ちます。

密教では息災増益、すなわち災を除き寿福を得る法とされ、空海以来平安初期から、その像容は曼荼羅などにみられますが、修法として知られるようになったのは、十一世紀の小野僧正仁海《にんがい》のころからです。たまたま治安元年（一〇二一）は古くから革命のおそれあるとされる辛酉《しんゆう》の歳にあたり、しかも天変怪異がありましたが、仁海は五大虚空蔵法を修して、この天変を除きました。これ以来、五大虚空蔵法は東密《とうみつ》ことに小野醍醐《だいご》流の天変消除の秘法とされ、平安時代の末には「両流（東密の広沢流と小野流）ともに行なうといえども、醍醐をもって本《もと》となす」といわれるようになりました。辛酉《かのととり》の歳《とし》ごとに修するので、これを金門鳥《かのととりの》敏法《としのほう》とよぶこともあります。

後に後醍醐天皇が、中宮藤原禧子の懐妊を祈るためと称し、五大虚空蔵法を六観音、六字河臨、八字文殊、普賢延命、金剛童子などさまざまの大法・秘法とともに修しましたが、実は関東調伏の祈禱であったと『太平記』は記しています。五大虚空像は天変怨敵を除くとともに、安産の利益もある修法と考えられる場合のあったことがわかります。

虚空蔵信仰と民俗

十一世紀の末、虚空蔵霊場として名高い嵯峨法輪寺に詣でた藤原宗忠は、「かつて少年の日には、たびたびこの堂舎に参籠して才学のことを祈ったが、このたびは、必ず臨終の時には正念に安住して極楽に往生するよう願った。虚空蔵菩薩は、ことに臨終正念の利益がある」と『中右記』に記しています。少年の日、才学による立身出世を夢みた宗忠が、中年になって浄土往生を祈願するようになったことは、一人の貴族の信仰の軌跡を考える上でも興味深いところですが、それはさておき、虚空蔵に臨終正念の利益があるとは、いささか奇異な感じもうけます。おそらくこれは、前にもふれた嵯峨法輪寺の虚空蔵の利益を讃える『今昔物語集』の説話が、「虚空蔵経を見奉れば、我れをたのまん人の、命終らん時に臨みて、病に責められて目も見えず耳も聞えず成て、仏を念じ奉ることなからんに、我れその人の父母妻子となりて直《ただ》しくその傍にいて、念仏を勧めんと説かれたり」と記している考えによるのでしょう。いずれにせよ、浄土信仰が盛んになる平安時代の末から、虚空蔵信仰は、求聞持法的利益に加えて、浄土的要素も帯びるようになります。

虚空蔵求聞持法が、山林清浄の地で修されたこともあり、虚空蔵信仰は、山林仏教の流れに形成される、いわゆる修験道によって、中世以後は護持伝播されたといわれます。こうした山岳によった修験道では、虚空蔵を天空をすべる仏として地蔵と対置し、さらに浄土思想の下で、虚空蔵＝極楽、地蔵＝地獄といった観念が生じ、修験の霊山に虚空蔵にちなむ山中他界観が形成された場合もありました。

こうした浄土的要素を帯びた虚空蔵信仰が、民俗信仰化した一例とされるのが十三仏念仏です。十三仏念仏とは、野辺送りの念仏として葬送の際、全国で広く行なわれるもので、いわゆる十王信仰の本地十仏（一八六頁参照）に阿閦・大日・虚空蔵の三仏を加えたもので、その信仰は室町時代の十四〜十五世紀ころ成立したと推定されています。

念仏の文句は地方によってさまざまですが、いずれも虚空蔵が十三仏の最後にあげられ、「こくうぞうぼさつに手をひかれ、じて（死出）んのやまみちまよらずに、さんずの川もわたりこす、にしにあんせごくらくの、みだのじょうどへつきにけり、なむあみだぶつあみだぶつ」といった調子で歌われる例（栃木県佐野市）もみられます。ここでは虚空蔵菩薩は浄土への導者とされており、記憶力増進の求聞持法にちなみ、学業成就の仏であるとともに、死後の浄土導者としての性格もかねた、素朴な民俗信仰としての虚空蔵の姿をうかがうことができるのです。

地　蔵

尊の名称

梵名クシチガルブハ（Kṣitigarbha）、クシチは地を意味し、ガルブハは胎あるいは子宮と訳し、包蔵する意をあらわします。これを合わせてふつう地蔵と訳しますが、この菩薩は大地の徳の象徴と考えられます。『地蔵十輪経《じゅうりんきょう》』は、「よく善根を生ずることは大地の徳のごとし」と地蔵の徳をたたえ、また「この大菩薩、諸の微妙の功徳伏蔵《ふくぞう》す、これ諸の解脱珍宝の出ずる処、如意宝珠のごとく、衆の財宝をふらし、希求する所に随いて、みな満足せしむ」とも述べています。地蔵が地獄を救い、冥府の支配者閻魔《えんま》と同体とされるのも、みな大地の擬人化によるのでしょう。

こうした大地の徳の擬人化は、おそらくバラモン教のプリティヴィーに起源すると思われます。『リグ・ヴェーダ』は、スーリャ（太陽神）、ヴァータ（風神）、パルジャニャ（雨神）、アグニ（火神）など数多くの神々への讃歌を記しますが、そのなかで、天神（ディアウス）と地神（プリティヴィー）に対し、「両神は歩むことなく、足なくして、歩み足あるあまたの胎児を受容せり、肉身の息子を両親の膝に受くるごとくに、天地両神よ、われらを怪異より守れ」と歌っています。こうしたインド古来の地神の信仰が仏教にくみこまれ、やがて大乗仏教の下で、理想的神格となったのが地蔵菩薩であろうと、考えられるのです。

尊の役割

地蔵信仰の根本経典は、『地蔵十輪経』『地蔵本願経』『占察善悪業報経《せんさつぜんあくごうほう》』の、いわゆる地蔵三経とされますが、地蔵の利益の特色は、ことに『十輪経』と『本願経』によく表われています。両経の説くところによると、地蔵は、釈迦が没して弥勒が出生するまでの間の五濁《じょく》悪世無仏世界の衆生を救うよう、仏にゆだねられた菩薩です。それゆえ地蔵信仰の特色は、『十輪経』が「此土の末法の教なり」と記すように、仏なき末法の世の救い主として、あらゆる場所に身を変えて現われて六道輪廻《ろくどうりんね》に苦しむ衆生を救うところにあります。

地蔵の利益を具体的にみると、『十輪経』は飲食・衣服・宝飾・医薬などが充足し、病を除く、と記し、『本願経』が、地蔵像を供養すれば、土地は豊饒、家宅は永安、長寿で水火の災もない、といった「十種の利益」を列挙するように、日常的な多種多様な現世利益があります。しかし地蔵の利益の中心は、こうした現世利益よりも六道抜苦にあり、六道衆生教化の発願の無限なことは、他の諸尊と比較にならないほどだといわれます。ことに六道の中でももっとも苦しみの激しい地獄の衆生救済こそは、地蔵本願の特色です。『十輪経』は、「地蔵は、あるいは炎（焰）魔王、あるいは地獄の獄卒、あるいは地獄のもろもろの有情《うじょう》の身になりかわって、人々のために説法する」と記し、『本願経』は、もともと地蔵の前世は、地獄に堕《お》ちた母をその孝行によって救ったバラモンの女であり、地獄の衆生を解脱させることこそ地蔵の本願である、と強調しています。

『十輪経』には、仏が佉羅提耶山（伽羅陀山《からだせん》）で地蔵に教示したという記載があり、地蔵は衆生を救うため南方から来る、とも記しています。地蔵の住みかが南方だというのは、インド人の世界観で、須弥《しゅみ》四州のうち南方の州が人間の住む世界とされ、人間の住む大地の神としての地蔵にふさわしいからでしょうか。

わが国の信仰では、地蔵が佉《か》（伽）羅陀山《らだせん》から地獄など悪趣に入って衆生を救うとされましたが、それがさらに進むと、鎌倉時代の説話集『沙石集《しゃせきしゅう》』が、「悪趣を住みかとし罪人を友とする」と説いたように、この六道悪趣こそ地蔵の住みかだとする考えもでてきました。ここにおいて、六道をめぐり罪深き衆生を救うという地蔵の信仰は、一つの頂点に達したとみることもできるでしょう。

地蔵菩薩。「図像抄」より

形像の特徴

地蔵菩薩の形像といえば、すぐ頭にうかぶのは、村の境や辻に立ち、宝珠・錫杖をもつ比丘《びく》の姿、いわゆる声聞《しょうもん》形です。『十輪経』は、「その時、地蔵菩薩摩訶薩……神通力をもって声聞形を現わし、南方より仏前に来至して住す」「地蔵真大士……声聞の色相を現わし……出家の威儀を現わし、七聖財伏蔵す」と述べています。菩薩形の地蔵像は、密教の曼荼羅などを除けば非常にめずらしく、中国・日本を問わず、地蔵像の多くは声聞形です。

声聞とは、梵語シュラーヴァカの訳で、声を聞くもの、つまり仏の言葉を聞いて悟るもののことで、もともと釈迦在世のころの弟子をさしました。地蔵は、菩薩なのになぜこうした出家の姿をするのかについて、鎌倉時代の『覚禅鈔』は、「内に菩薩の行《ぎょう》を秘め、外に比丘の相を現わす。左手に宝珠を持し、右手に錫杖を執り、千葉《せんよう》の青蓮華に安住す」という『不空軌』の文を引用して説明しています。『不空軌』とは、不空訳と伝える『地蔵儀軌』のことで、地蔵が声聞形をとる理由は、ここにもっともよく示されています。それは、内に菩薩の大行《たいぎょう》を秘めながら、衆生済度を容易にするために、外見は、衆生に親しみやすい比丘の姿をとる、というのです。仏や菩薩が、衆生済度のため、かりに声聞となって現われる「応化《おうげ》声聞《しょうもん》」は、かならずしも地蔵に限りませんが、菩薩としての本身よりも、こうした衆生済度の応化《おうけ》身《しん》の姿で信奉される例はめずらしく、ここにも、六道をめぐり一切衆生を教化しようとする地蔵の本願の特色が、色濃くあらわれているのです。

インド・中国の地蔵信仰

地蔵がバラモン教のプリティヴィーに起源すると考えられることはすでに述べましたが、インドでは地蔵信仰はあまり発達しませんでした。『高僧法顕伝』『大唐西域記』『南海寄帰内法伝』など、七世紀ころまでの中国僧のインド旅行記には、地蔵についての記載がまったくありません。また美術遺品についてみても、エルラの窟寺に、四五〇年から六五〇年ないし七〇〇年代の作とされる八大菩薩曼荼羅と、五仏五菩薩曼荼羅の一尊として彫られた例があるだけで、独立した地蔵菩薩像の存在は、まだ確認されていません。そのため、地蔵は当初インドでは、いわば二流の菩薩で、その信仰が実際に発達するのは八世紀以後だという説さえあります。

中国に地蔵の経典が伝えられたのは比較的早く、北涼（三九七～四三九年）の時代に『大方広十輪経』が訳されています。しかし地蔵が中国人の信仰対象となるのは、七世紀中ころ

地蔵菩薩。「別尊雑記」より

玄奘によって『十輪経』が新訳され、ついで『地蔵本願経』が漢訳され（偽撰説もあります）た、唐以後のことです。

中国仏教の信仰対象の移りかわりをよく示している龍門石窟の造像についてみると、北魏時代の地蔵像は全くなく、龍門最古の地蔵像は、唐代六六四年銘のものです。龍門と並ぶ敦《とん》煌《こう》石窟でも同様で、唐以前の地蔵壁画を認めることはできません。唐の時代になって地蔵信仰が盛んになったのは、現世を末法濁悪の世とし、下品下愚の現世の衆生は悪趣を救う地蔵を信ずべきだと説く、三階教《さんがいきょう》の運動とも関係があり、地蔵信仰は現世を末法濁世とみなす思想がある程度ひろまった段階で、はじめて発達することがうかがえます。日本仏教に直接影響した朝鮮でも、地蔵像としてみるべきものが現われるのは、八世紀中期以後であり、地蔵信仰の発達は、他の諸尊にくらべてはるかにおくれているといえます。

奈良時代の地蔵信仰

つぎにわが国の地蔵信仰についてみれば、奈良時代すでに『十輪経』などが伝来していましたが、地蔵の信仰は当時ほとんど発達しませんでした。たとえば僧侶になろうと修行する人々の学問傾向がわかる『優婆《うば》塞貢進解《そくこうしんげ》』には、観音・薬師・弥勒・阿弥陀などの経典や陀羅尼が多く記されているのに、地蔵関係の経典は全くありません。また奈良時代の地蔵造像についてみると、現存する当時の地蔵像は一つもなく、文献によって確認できる造像も、観音が四十六、阿弥陀が二十もあるのに、地蔵像はわずか四例をあげられるだけです。しかもこの数少ない地蔵像も、虚空蔵像と対で造られるのがふつうで（一六一頁参照）、三階教などで強調されたような、末代濁世の衆生を救う地蔵独自の信仰はまだ発生していなかったようです。

平安時代に入ると、平安初期の地蔵像と伝承される像は数多くありますが、貞観年間（八六〇年代）の作であることがはっきりしている広隆寺の地蔵像（これも虚空蔵と対で造られたもの）と比較して、その様式から考えると、古くても九世紀後半の作といえるのは数体にすぎず、その多くは十世紀の作だといわれます。要するに、わが国の地蔵信仰は、平安初期の九世紀当時まで、きわめて不振であったと考えることができるのです。おそらく現世利益信仰が仏教の主流を占め、来世の六道輪廻への恐怖が、それほど深まっていなかったこの時代には、地蔵の救済を最大の利益とする地蔵の信仰は、それほど人々の関心をよばなかったためと思われます。

天台浄土教と地蔵信仰

ところが十世紀に入ると、当時最大の教団であった天台宗の僧侶や、貴族社会の人々を中心に、地蔵信仰はようやく発生してきます。

十世紀の末に現われて、天台宗の浄土教を盛んにした有名な源信の『往生要集《おうじようようしゆう》』は、『十輪経』の一節を引用して、地獄に入り衆生の苦を救う地蔵の悲願をたたえています。源信の著作布教活動は、藤原摂関家に圧迫され、無常感を深めて、来世の浄土に思いをよせた貴族たちに支えられていました。そうした貴族たちと天台宗の僧を中心に結成された、二十五三昧会とよばれる念仏結社の起請文《きしょうもん》には、「われわれは十悪の身であるから、死後に地獄・餓鬼・畜生道など三途《さんず》に堕ちることは疑いない」「もし生前に一善も修しないならば、なにによって死後の三悪道を免れることができようか。ついには焔魔王のところに行くだろう」と、六道輪廻や地獄への恐怖を記しています。このような平安時代の浄土教発達の背景となった六道・地獄思想の深まりに刺激されて、地蔵菩薩の利益は、天台系の念仏結社につらなる貴族たちの関心をひくようになったのでしょう。

こうしてわが国の地蔵信仰は、源信を中心とする、天台浄土教の流れにまず発生しましたが、そこで地蔵は、独立した菩薩信仰としては十分に発達しませんでした。源信の『往生要集』は、『十輪経』を引用して、地蔵の地獄抜苦の功徳は認めていますが、地蔵の他にも文殊・弥勒・勢至、ことに阿弥陀と観音には悪趣抜苦の功徳があると讃えており、必ずしも地蔵の功徳だけを強調しているわけではありません。

ことに興味深いのは、当時の貴族社会の地蔵の造像形式です。地蔵は単独で本尊として造られる例は少なく、多くの場合、阿弥陀三尊の脇侍菩薩として、あるいは弥陀五尊の形式で造顕されました。弥陀五尊とは、阿弥陀を中心に観音・勢至・地蔵・龍樹を一群とする造像形式で、源信の師良源が中国浄土教の実例にならってはじめてから、天台浄土教を中心に流行し、造像の他、聖衆来迎図《しょうじゅらいごうず》などにも描かれました。

つまり天台浄土教ないし貴族社会では、地蔵は阿弥陀をとりまく聖衆の一員として拝まれたのであり、地蔵が単独で造像崇拝される、いわば地蔵専修の信仰は、まだ発生していなかったのでした。

今昔物語の地蔵説話

しかし十一世紀に入って貴族社会だけでなく、民衆の間にも仏教の教えがひろまるにつれて、新しい地蔵信仰が発達してきました。

十一世紀の中ころ、三井寺《みいでら》（園城寺《おんじようじ》）の実睿《じつえい》という僧が、民間の地蔵説話の集成である『地蔵菩薩霊験記』を編纂しました。この漢文体の原本は散逸しましたが、十二世紀はじめの『今昔物語集』巻十七に、大部分の説話が和文体に改められて再録されているので、今日では『今昔物語集』によって、十一世紀の民間の地蔵信仰の姿をうかがうことができます。

さて、この『今昔物語集』地蔵説話を通読して、まず興味深いのは、「もっぱら地蔵菩薩を念じ、日夜に阿弥陀の念仏を唱えた」とか、「西に向かって阿弥陀の念仏を唱え、地蔵の名号を念じて没した」とか、地蔵信仰が阿弥陀信仰と密接に結びついている場合や、「日夜に法華経を読誦し地蔵尊を念ずる」「地蔵菩薩の像を造り法華経を書写する」というように、地蔵信仰本来の経典の『十輪経』『本願経』などよりも、『法華経』信仰と結びついている場合の多いことです。もともと『法華経』には、阿弥陀浄土信仰は述べられていても、地蔵信仰は記されていません。また中国の地蔵信仰説話集『地蔵菩薩像霊験記』『三宝感応要略録』などをみても、地蔵と法華・阿弥陀の併修や、地蔵の利益によって極楽に往生したといった説話はほとんどありません。

では十一世紀のわが国の地蔵信仰に、どうして『法華経』や阿弥陀との併修が多いのかを考えてみますと、これら地蔵説話には、天台浄土教の中心である横川《よかわ》に関係深い、多くの浄土教の名前や活動が描かれているのが注目されます。もちろん説話に記す浄土教家の地蔵信仰が、歴史的事実であったと単純に考えることはできませんが、このことは、『地蔵菩薩霊験記』など民間地蔵説話成立の背景に、横川を中心とする天台浄土教の影響の強かったことを暗示します。これら地蔵説話に阿弥陀や『法華経』との併修の多いことも、法華信仰と阿弥陀信仰が一体の関係にあった天台浄土教を背景とすれば、矛盾なく理解することができるのです。

横川の源信を中心とする、天台浄土教の念仏結社運動によって、貴族社会の地蔵信仰が形成されたことはすでに述べましたが、横川の浄土教は貴族社会だけでなく、結縁《けちえん》の男女幾万人と知れずと伝えられた六波羅蜜寺《ろくはらみつじ》供花会など、さまざまの講会を通して、結縁する民衆にも伝えられました。ことに十一世紀以後、天台教団の世俗化が進むと、源信の流れをくむ真摯な横川浄土教家たちは、教団の動きに反発し別所《べっしょ》に隠遁したり、民衆に布教したりして聖《ひじり》とよばれ、人々に尊敬されました。『今昔物語集』には、聖による地蔵講・地蔵会の説話が多くみられますが、こうした聖の講会を通して、横川浄土教家の地蔵信仰は民間に下降していったと思われます。

地獄必定の意識

ところで、こうして形成された『今昔物語集』地蔵説話の内容をみますと、貴族社会の地蔵信仰と非常に異なった面のあることに気づきます。

『今昔物語集』地蔵説話の主人公たちは、地方の神官や武士、あるいは京の寺院に集う庶民など、ほとんど無名の人たちです。しかもそこに現われる地蔵は、この世では三年のあいだ主人に打ち責め使われる牛飼の童や、田舎道を歩む貧しげな僧、はては海人《あま》にとらえられた亀にまで身をかえるなど、庶民の日常生活の場に深く入りこみ、人びとを救おうとしていますが、こうしたきわめて庶民的な地蔵信仰において、貴族社会ではほとんどみられなかった地蔵専修が、盛んに現われるのです。地蔵の本願が地獄抜苦にあることから考えますと、こうした地蔵専修をめぐる貴族社会と民間の相違は、民衆の地蔵信仰が、貴族社会にみられないような、深刻な地獄の恐怖の上に成立していたからではないでしょうか。

『今昔物語集』地蔵説話をみますと、主人公たちは、「前世の因縁《いんねん》」「業縁《ごうえん》」によって地獄に堕ち、地獄の役人の裁判にかけられます。たとえば、東大寺の蔵満は、一心に念仏を称える修行者でしたが、業縁の引くところによって、地獄に召されました。僧阿清《あしょう》は、白山・立山はじめ、多くの霊験所をめぐって修行していましたが、やはり業縁にしばられて同様の運命をたどりました。極楽寺の公真も前世の業縁で地獄に召され、地蔵は「輪廻生死《りんねしょうじ》のとがは、たやすくこれを免ぜんや」と嘆じました。この他にも、前世の罪業で地獄に堕ち冥路に迷う説話は多く、まことに「罪業の因縁は、あたかも万劫を重ねたる巌に似」て、人の力のおよぶところではない、と説かれます。すなわち『今昔物語集』地蔵説話の地獄観では、人びとは現世の善悪よりも前世の業縁により、あらかじめ定められた運命として地獄に召されるのであり、ここには「地獄は必定《ひつじょう》」というべき意識がみられます。

地蔵薩埵こそ訪うたまへ

『今昔物語集』地蔵説話の主人公たちは、こうして地獄に堕ちますが、しかし生前地蔵を信じ供養したことがあると、「願わくは地蔵菩薩、大悲の誓願を以て我れを助け免《ゆる》したまえ」との願いに応じて地蔵が現われ、地獄の役人に交渉して主人公を蘇生させてくれたり、それもかなわぬときは、主人公の地獄の苦しみを代りに受けてくれる(大悲《だいひ》代受苦《だいじゅく》)のです。

たとえば、こんな説話があります。賀茂盛孝という男は、地獄で地蔵に会い、よろこんで救いを求めます。地蔵は地獄の役人に交渉しますが、役人は「一度罪人ときまったものはかえられない」と拒否します。地蔵は泣いて、「それなら私がこの男の身代りになって地獄の苦を受けよう」といい、やっと盛孝は救われます。

またこんな話もあります。延好という僧が越中立山で修行していると、丑《うし》の刻に人の影のようなものが現われます。影は泣きながら「私は地獄におちた女だが、生前ただ一度、京の祇陀林寺《ぎだりんじ》の地蔵講に詣ったことがあって、それで地蔵が日夜三時に地獄に入り、私の苦しみを代り受けてくれる」と告げます。

また、祥蓮という僧は、死後、妻の夢に現われて、「生し間、時々地蔵菩薩に帰依し奉りき。その故に、日夜三時に地蔵来り給て、わが苦に代り給う。この他には、さらに助かることなし」と告げました。

これらの説話では、現世で十分な善根功徳を積めない人は、死後には必ず地獄におちると信じられています。ただ、地獄におちてすべての仏にみすてられたような人でも、生前に地蔵を信じていれば、地蔵が地獄に入ってきて苦しみを代り受けてくれる、というのです。『今昔物語集』と同じころの民間の歌を集めた『梁塵秘抄』に、

わが身は罪業重くして　つひには泥犁《ないり》（地獄）へ入りなんず　入りぬべし　佉羅陀山《からだせん》なる地蔵こそ　毎日のあかつきに　必ず来りて訪《と》うたまへ

毎日恒沙《ごうしゃ》の定《じょう》に入り　三途《さんず》の扉を押しひらき　猛火の炎をかきわけて　地蔵薩埵《さた》こそ訪うたまへ

とあるのも同じ信仰で、罪業深きわれわれは、地獄におちること必定であり、わずかに地蔵が、住みかの佉羅陀山から訪れてくれる間だけ地獄の苦しみを免れる、というのです。

このように地獄必定の意識に支えられた地獄信仰は、なぜ貴族社会よりも民間で発達したのでしょうか。おそらく天台宗の諸行往生思想――いろいろな修行や功徳の積み重ねによって往生が可能になるという思想――が、浄土教の主流を占めていたその当時、民衆の間で、

はかなきこの世を過すとて　海山稼ぐとせしほどに　よろづの仏にうとまれて　後生わが身をいかにせん

と歌われたように、前世の業縁で卑しい身分に生まれ、毎日の生活に追われて功徳を積めないわれわれは、阿弥陀仏はじめすべての仏にうとまれて浄土往生もかなわず、ついには地獄におちるだろう、という絶望的意識が深まったためでしょう。

功徳の集積が容易な貴族たちの間では、地獄の恐怖がさして切実でなく、地蔵信仰があまり発達しない一方、浄土往生の功徳を積むすべない民衆の間で、「ただ悪趣を以てすみかとし、罪人を以て友とする」地蔵菩薩の信仰が発達し、「ただ地蔵の名号を念じて、さらに他の所作なし」という地蔵専修さえ成立したのは、決して不思議ではないでしょう。

鎌倉旧仏教と地蔵信仰

しかし鎌倉時代に入り、法然や親鸞によって、いかなる悪人も弥陀の大悲で救われるという他力易行《いぎょう》の浄土教が民間に広まると、地蔵信仰の性格は変わってきました。阿弥陀専修の人びとは、「地蔵を信ずる人は地獄におちるぞ。地蔵は地獄にいるのだから」といったり、「地蔵が阿弥陀と並ぶのは不都合だ」と阿弥陀像のそばの地蔵を引きおろしたり、石で地蔵像をすりつぶしたりしました。こうした阿弥陀専修の立場からの地蔵信仰否定の動きに対し、旧仏教の立場の人びとは、盛んに地蔵の利益を強調しました。

十二世紀の末、無住《むじゅう》が編纂した『沙石集《しゃせきしゅう》』は、阿弥陀専修によって否定された諸神諸仏の利益を、旧仏教の立場から擁護していますが、地蔵の利益の特色をつぎのように述べています。

地蔵菩薩は、衆生を済度しつくすまでは成仏しないという悲願を発し、仏から仏法を伝えられ、釈迦没後弥勒出世までの無仏の世の導師として、地獄など悪趣に堕ちた人びとを救うことを利益の第一としている。……地蔵菩薩は、ことにわれわれに縁ある菩薩である。その故は、釈迦は一代の教化の主としての因縁つきて入滅したから、霊山浄土《りょうぜん》で説法をつづけているとはいえ、この世の衆生には、はるかに遠いものとなった。弥陀は四十八の大願の願主とはいえ、この世から十万億土をへだつという極楽世界にいるのだから、浄土往生を願う正しい心の持主でなければ弥陀の救いの光明からもれてしまう。しかし地蔵は、慈悲深いゆえに浄土にも住まず、この世と縁つきぬゆえに入滅もせず、ただ悪趣を住みかとし罪人を友とする。釈迦は信者の能力がそなわった時にはじめて現われ、弥陀は信者の臨終の際にはじめて来迎するというが、地蔵は、能力のそなわるのもまたず、臨終の際とも限らず、いつでも六道のちまたに立ち、昼も夜も生きとし生けるものに交って、縁なき衆生をも救いたまうのである。

もちろん、こうした旧仏教側の主張によっても、鎌倉新仏教発展の時代の流れを変えることはできませんでしたが、民衆にとって地蔵をますます親近感のある菩薩とし、地蔵は、俗界に住むゆえ阿弥陀にまさるとされた「世間の利益」──現世利益的面でも、広く民衆に信奉されるようになりました。

地蔵と現世利益

地蔵が地獄の救済だけでなく、さまざまの現世利益をもたらすことは『十輪経』や『本願経』でも説かれていますが、鎌倉時代以後、わが国の民衆の間で盛んになる地蔵の現世利益信仰の特色は、「身代り地蔵」とでもよぶべき信仰です。これは、地蔵が信者の願いに応じて、信者の欲する力を持った人間となって現われたり、危難を蒙りそうになった信者の身代りになってくれるというもので、『沙石集』などが強調する、地蔵は浄土に住まず、人びとの間にまじわり大悲をもって、人びとの苦しみを代り受けるという信仰の発展として理解することができるでしょう。

たとえば『沙石集』には、帥《そち》の僧都という僧が病気にかかり命も危いとき、どこからともなく若い美しい僧が現われ、なにもいわずに看病してくれる、という話を記しています。僧都は弟子に、「あの僧はだれか」と聞きますが、僧都以外の人には、その僧の姿がみえません。そこで弟子たちが「あるいは地蔵菩薩が看病なさったのではないでしょうか」というと、僧都は「まことにそうかもしれぬ。そういえば、お帰りになるとき錫杖をかついでおられた。ああかたじけないことだ」と感涙にむせんだといいます。無住は、この話は僧都の弟子からじかに聞いたことで、これこそ地蔵の利益である、と強調しています。こうした説話の発展に、地蔵の治病神としての性格が顕著になっていくのです。

また十二世紀の末の『宝物集』には、田植の人手がなくて困っている老女がいたが、だれか一夜のうちに田植をすませてくれたという話を記しています。不思議に思った老女が、日ごろ信じていた地蔵像をみると、足に泥がついていたという結末で、この泥付地蔵とか土付地蔵の説話は各地にひろまり、地蔵の利益は農耕神としての面もかねるようになります。

さらに、地蔵が戦場に現われて危急を救ってくれるという信仰も、武家政権が生まれたこの時代には、もてはやされました。平諸道という武士が戦場で矢が尽きたとき、小僧に化した地蔵が現われて、矢をひろってくれたという矢取り地蔵の話、児島高徳《こじまたかのり》の部下の香勾《こうわ》新左衛門高遠が、足利軍にとらえられそうになったとき、壬生寺《みぶでら》の地蔵が僧に姿を変えて、身代りになってくれた縄目《なわめ》地蔵の話などは、ことに有名です。

これら説話と別に、足利尊氏が地蔵を深く尊び、みずから地蔵像を描いて人に与えたのは有名な事実です。こうした武士の地蔵崇拝は、甲冑をつけ、右手に剣をとり左手に幡《はた》をなびかせ、戦に臨めば向うところ敵なし、というわが国独特の勝軍《しょうぐん》（将軍）地蔵を生みました。地蔵の現当二世の利益は、戦場に命をかける当時の武士たちの信仰をこの上なく集めたことでしょう。

十王信仰

もちろん鎌倉時代以後の地蔵信仰は、すべて現世利益信仰に変ってしまったわけではありません。平安時代の末以来、死後の地獄への恐怖と結んで、民間に定着していた地蔵信仰は、阿弥陀専修の成立によって浄土信仰としての役割は弱められましたが、なお素朴な冥界への恐怖と結び、民衆の間にうけつがれました。ことに十四、五世紀ころから、仏教各宗が民衆の中に浸透しようとする過程で、死者の葬式追善の儀礼を十王信仰と結びつけて強調するようになると、地蔵は冥府の支配者として、民衆の信頼と畏怖の対象になります。

十王信仰というのは、人は死後、順次十人の冥界の王の審判をうけ、生前の罪が罰されるという信仰で、中国で作られた『預修十王生七経』がその原形ですが、日本に伝えられてさらに発達し、『地蔵菩薩発心因縁十王経』が偽作されます。それによれば、冥土に行った死者は、まず初七日に秦広王《しんこうおう》の審判を受け、ここで罪と行く先がきまらなければ、つぎは二七日に初江《しょこう》王の審判を受ける。ここでもきまらなければ、三七日に宋帝《そうてい》王の審判を受けるというふうに、以下、四七日に五官王、五七日に閻魔《えんま》王、六七日に変成《へんじょう》王、七七日に太山《たいざん》王、百日に平等《びょうどう》王、一年に都市《とし》王、三年に五道転輪王の審判を受けます。

これら十王は、もともと中国で、道教思想の影響下に考えだされたようですが、日本偽作の『地蔵菩薩発心因縁十王経』は、十王のそれぞれに不動・釈迦・文殊・普賢・地蔵・弥勒・薬師・観音・勢至・阿弥陀を本地仏として配しています。これによれば、五七日つまり死後三十五日目の審判を司る閻魔王（閻羅《えんら》王ともいう）の本体は地蔵ということになりま

十界図。鎌倉。禅林寺

す。地蔵が地獄で変化して焔魔天《えんまてん》（閻羅王）になるということは『十輪経』ですでに説かれており、平安時代末期の密教関係の書物も「地蔵菩薩は閻魔王なり」「地蔵は焔摩天の本身なり」などと記しています。こうした伝統的思想に則って、十王信仰でも閻魔の本地は地蔵とされたのでしょう。閻魔王は、浄頗梨《じょうはり》という鏡に、死者が生前おかした善悪をそのまま映し出して審判しますが、この世で遺族が行なう追善供養もつぎつぎとこの鏡に映って、審判の資料になります。「しょせん亡者の浮沈は追善の有無によるなり。……なかにも閻魔大王の御前にして大苦をうくるゆえ、三十五日の追善、肝腎《かんじん》なり」と説く書物もあります。しかも、こうした閻羅王の裁判に苦しむ死者を浄土に導くのは、その本身で慈悲の面を現わす地蔵に他ならず、『地蔵十王経』は、「極悪罪人の海、よく渡し導くものなし。地蔵の願船に乗らば、必定して彼岸に到る」と結論しています。

こうして、追善供養の強調にともなう民衆の地獄への素朴な恐怖を背景に、地蔵は、冥界の主で畏怖すべき閻羅王の本身であって、地獄の鬼から亡者をまもる慈悲の面を代表する菩薩として、人びとの心をとらえました。六道をめぐって衆生を導くという信仰は、村や町の辻々の六地蔵を生み、小僧に身を変えるという『今昔物語集』以来の信仰は、地蔵を子供の守り神的存在としました。古くは子供の場合、死んでも仏事を行なわないのが普通でしたが、十五世紀ころから、子供の霊魂に対しても、位牌を作って追善供養することがはじまり、地蔵が地獄の鬼に苦しめられる子供を救うという「賽《さい》の河原和讃」も、江戸時代初期には作られました。

すでに室町時代、治病神の中心はかつての薬師から、民衆に親しみ深い地蔵に移り、江戸時代になると、延命地蔵・腹帯地蔵・子育地蔵・片目地蔵など、ほとんど無際限な身代り地蔵が民衆の間で生み出されますが、こうした身代り的現世利益信仰の一方で、地蔵は冥界とのその特殊な関係によって、来世信仰としての一面も色濃く保ちつつ、民衆にとってもっとも親しみ深い菩薩として、今日に至っているのです。

その他の菩薩

大勢至《だいせいし》

梵名はマハーストハーマプラープタ（Mahā-sthāma-prāpta）、大勢至あるいは得大勢《とくだいせい》、略して勢至《せいし》と訳します。国王大臣のように威勢自在のことを大勢といいますが、この尊の大悲自在なことをこれにたとえたといわれます。『覚禅鈔』『阿娑縛抄《あさばしょう》』など、密教の図像や修法を説く書物が、勢至の利益についてはほとんど言及していないことでもわかるように、独立した修法の本尊などとして造像・礼拝される例は少なく、ほとんどの場合、極楽世界の補処の菩薩として、観音とともに阿弥陀の脇侍の形で造顕されます。阿弥陀を中心に左に観音、右に勢至が随い、これを阿弥陀三尊とよびます。

浄土教の経典である『観無量寿経』は、「この菩薩の身のたけは観音と同じであり、円光をもって広く照している。頭の頂上の肉髻《にくけい》（髻《もとどり》のように突起した肉塊）の上に一つの宝瓶がある。それ以外の身体の相は観音と同じである」と説明しています。これでわかるように、阿弥陀脇侍としての勢至は、聖観音の姿とほとんど同一で、ただ聖観音が冠髻に化仏《けぶつ》を有する（六三頁参照）のに対し、冠髻に宝瓶を戴くのをもって特徴とします。法隆寺金堂六号壁（二七頁参照）の阿弥陀浄土図は、わが国の阿弥陀三尊画像の最古の傑作で、右脇侍（向って左）の勢至は左脇侍（向って右）の観音とともに、阿弥陀よりの手をあげ、外側の手を下げています。その下げた右手にとるのは未敷《みふ》蓮華《れんげ》をつけた長い蓮茎で、衆生の心中に蓮華の種子をまき、善を護るとされます。

浄土教の発達とともに、勢至は来迎図などで盛んに描かれ、源信の『往生要集』は、「智慧の光をもって普く一切を照して三途を離れさせるのに無上の力があるので、大勢至と名づけるのである」と、讃えています。しかしこうした浄土信仰でも、あくまで弥陀の脇侍として弥陀三尊の形で礼拝されるにとどまり、一方の脇侍の観音のような、独立した菩薩信仰としての発展はみられませんでした。ただ後世、南無勢至月天子といわれ、月輪の本地として、月待供養の本尊にされる場合があります。

大勢至菩薩。「図像抄」より

龍《りゅう》樹《じゅ》

龍樹は梵名ナーガールジュナ（Nāgārjuna）、紀元二～三世紀ころ南天竺（南インド）に実在した僧で、龍猛ともいいます。『中論』『十二門

龍樹菩薩。「図像抄」より

論』などの著書をもって知られますが、むしろ一般には、釈迦没後八百年、南天竺の鉄塔の扉を開き、秘密の経典を出して密教の祖となった、という伝説によって有名です。平安時代の末の『梁塵秘抄』に、

南天竺の鉄塔を　龍樹や大士の開かずは　実《まこと》の御法《みのり》を如何にして　末の世までぞ弘めまし

龍樹菩薩はあはれなり　南天竺の鉄塔を　扉を開きて秘密教を　金剛薩埵《こんごうさった》にうけたまふ

と歌われたのは、この鉄塔開扉伝説です。この信仰によって、龍樹はいわゆる真言八祖像の第一として描かれます。右手に三鈷をとり、左手で衣端をとる姿で、密教寺院で祖師像として拝されるのはこの形像です。

一方、浄土教の阿弥陀来迎図などで、龍樹が描かれる場合もあります。阿弥陀三尊にさらに地蔵・龍樹を加えて弥陀五尊とよびますが、十二世紀前半に編纂された『図像抄』は、このような組み合わせの根拠になる経典はなく、中国並州（山西省）の人びとの間では、臨終にこれら五尊が来迎して、浄土に引摂してくれるという信仰がある、と記しています。おそらく源信の師の良源が、こうした中国で流行していた信仰をとり入れたものと考えられ、この弥陀五尊形式は天台浄土教で重んじられ、比叡山横川では常行三昧堂の本尊の配置となりました。十一世紀以後、阿弥陀来迎図が盛んに描かれますが、その場合、弥陀五尊を多くの菩薩・聖衆がとり囲む画面構成がしばしばみられます。十二世紀前半の作とされる、有名な高野山有志八幡講《ゆうしはちまんこう》阿弥陀聖衆来迎図は、その代表的例で、中尊阿弥陀の前方左右に観音・勢至、本尊の背後左右に光背に接するように地蔵・龍樹が、他の諸菩薩よりもきちんと阿弥陀を囲むように描かれています。地蔵・龍樹は、ともに声聞《しょうもん》（比丘）形で、地蔵が宝珠を取るのに対し、龍樹は合掌形です。こうした中国信仰を源流とする弥陀五尊の一尊としての龍樹と、密教の祖としての龍樹を同一視してよいかどうか、議論のあるところですが、浄土信仰系の菩薩として描かれる龍樹は、このように比丘合掌形を基本とします。

日光《にっこう》・月光《がっこう》

『薬師如来本願経』によれば、薬師仏の瑠璃光（浄瑠璃）浄土のなかの代表的二菩薩が、日光菩薩と月光菩薩です。薬師仏の両脇侍としては、観音・勢至を配するとする説もありますが、一般には左脇侍（向って右）に日光、右脇侍（向って左）に月光を配します。『覚禅鈔』は『薬師経疏』を引用して、かつて二人の子供を養育していた梵士が、重病の衆生を救

薬師寺金堂月光菩薩像

薬師寺金堂日光菩薩像

う大悲願を発し、仏に医王《いおう》の号を与えられましたが、この梵士が薬師であり、日照・月照とよばれた二人の子供が、後の日光・月光菩薩だと説明しています。『阿娑縛抄』が引用する訳者不明の『浄瑠璃浄土標』によれば、その形像は、日光菩薩は赤紅色で、左手の掌に日を安んじ、右手には天上に咲くという蔓朱赤花（曼珠沙華《まんじゅしゃげ》）をとり、月光菩薩は白紅色で、左手の掌に月輪を安んじ、右手には紅白の蓮華をとります。造像の実例では、手に日《にち》輪《りん》・月輪《がちりん》を持つ場合と、蓮華茎の上に日輪・月輪をいただく場合があり、あるいは日月を冠につけることもあります。しかし古くは日月輪のない日光・月光像もあり、この場合は薬師の脇侍としての位置によって尊名を知る他ありません。

わが国では、医王としての薬師仏の信仰が七世紀以来盛んで、多くの薬師三尊が造られ、日光・月光の遺品は少なくありません。しかしこの両菩薩は、薬師の脇侍として、薬師とともに礼拝されるのが普通で、薬師と切り離した独立の像として造られたり礼拝されたりする例はみられません。

薬王《やくおう》・薬上《やくじょう》

薬王菩薩は、梵名ブハーイシャジャ・ラージャ（Bhaiṣajya-rāja）。『阿娑縛抄』は、この菩薩は衆生の身心の病を治療しようとの願を発したので、薬王とよばれるとの説を引いています。一方、『法華経』には巻七に薬王菩薩本事品、つまり薬王の前世の因縁について述べ

薬王菩薩。「図像抄」より

た部分があります。ここでは『法華経』護持の功徳が強調され、薬王菩薩の前身は、香油を身に塗り、天の法衣をまとって自らの身を燃《とも》し、仏を供養した喜見《きけん》菩薩であった、と説明しています。その身を捨てて布施する喜見の焼身《しょうしん》は後世に有名ですが、ここでは特に治病的な利益はふれられていません。

密教ではもっぱら治病を目的とする薬王菩薩法の本尊となりますが、その形像は、宝冠をいただき、左手を拳にして膝につけ、右手に楊柳枝をとります。楊柳枝は古代インドの治病信仰と関係あり、この姿は千手観音の楊柳手から現われる、薬王観自在菩薩（三十三観音の楊柳観音の項参照）にあたるとする説もあります。

薬上菩薩は『観薬王薬上二菩薩経』によれば薬王の兄弟で、釈迦の脇侍となる場合もあります。法隆寺金堂一号壁の釈迦浄土図で釈迦の両脇に描かれた菩薩は、一般の釈迦三尊にみられる普賢・文殊ではなく、尊名を明らかにするのはむずかしいとされますが、薬王・薬上菩薩に比定する説もあります。左脇侍（薬王か）は、右手に小花をもった瑠璃の丸皿を捧げ、右脇侍（薬上か）は右手に薬壺を持ちます。両菩薩とも左手に蓮華を持ち、服装やポーズは左右相称的に表現されています。また、薬上は、文殊・観音・勢至・宝檀華・無尽意・薬王・弥勒とともに、薬師に従う八大菩薩として、八菩薩曼荼羅に描かれる場合もあります。密教の図像集が薬王については説明していても薬上については独立した項目を設けていないことや、こうした造顕の例をみてもわかるように、薬上の場合、薬王と別個に描かれたり信仰されたりすることはありません。

転法輪菩薩。「図像抄」より

転法輪《てんぽうりん》

正しくは纔発心転法輪《さいほっしんてんぽうりん》菩薩とよばれ、密教の金剛三十七尊のなかの金剛因《こんごういん》菩薩であるともいわれます。心に大悲の行願を起し諸仏世界で妙《みょう》法輪《ほうりん》を転ずる（仏の教えを説く）のでこの名があります。『阿娑縛抄』などが描く像は、左手の掌の上に金剛杵《こんごうしょ》を立て、右手には金輪をのせた蓮華をとります。

『阿娑縛抄』によると、この菩薩は、十六大護、すなわち毘首羯磨《びしゅかつま》薬叉《やしゃ》・劫比羅《かびら》薬叉・法護《ほうご》薬叉・眉目《びもく》薬叉・広目《こうもく》薬叉・護軍《ごぐん》薬叉・珠賢《しゅけん》薬叉・満賢《まんけん》薬叉・持明《じみょう》薬叉・阿吒縛倶《あたばく》薬叉の十大薬叉と、嚩蘇枳龍王《ばすきりゅうおう》・蘇魔那《すまな》龍王・補沚《ふさ》（沙）毘摩《びま》大龍王の三大龍王と、訶哩帝大天后《かりていだいてんごう》・翳囉縛蹉《えらばさ》大天后・雙目《そうもく》大天后の三大天后からなる十六の護法神を眷属《けんぞく》とします。これら十六大護は、さらにおのおの五千の神将を眷属とし国土を護るとされます。

密教の転法輪法は、もっぱら三角壇《さんかくだん》によって怨敵を調伏する秘法とされ、東密の中でも仁海《にんがい》以後、醍醐寺の流れ（小野流）が、外敵侵入や反乱の際に験ありとして、ことに重んじました。台密では修されることはなかったようです。転法輪菩薩本来の性格というよりも、眷属の十六大護の護法神的性格が転法輪法の表面に出たとみるべきでしょう。

大随求《だいずいく》

梵名はマハープラチサラ（Mahā-pratisara）、大随求菩薩、随求菩薩、随求明王菩薩などとよばれます。随求とは願主の求めに随って自在ならしめるの意味で、密教では自在に災を除き福をもたらすという、多くの随求陀羅尼が信仰され、これを集めた各種の『随求陀羅尼経』が広く流布しました。この陀羅尼をその本誓とする尊が随求菩薩です。

随求菩薩は黄色で八臂、その持物については諸説ありますが、五鈷杵・剣・鉞斧・三股戟・蓮華上に輪・索・宝幢・梵篋などを持つのがふつうです。随求法は奈良時代の天平宝字四年（七六〇）ころ東大寺で修されたことが知られ、わが国の密教修法で、もっとも早くから行なわれたものですが、当時どのような本尊を用いたかは明らかでありません。十世紀以後浄土教が盛んになると、随求陀羅尼は、死霊を浄土に導く利益が絶大であるとして、光明《こうみょう》真言《しんごん》や尊勝《そんしょう》陀羅尼と並び称せられ、これら真言陀羅尼を金銅篋に納めて棺内に安置することが流行しました。このように随求陀羅尼は、陀羅尼を口でとなえたり、陀羅尼の種子《しゅうじ》（梵字のイニシャル）を書いて身につけたり棺に入れたりすることで、容易に利益が得られると説かれたためか、随求菩薩を本尊とする祈禱はそれほど盛んでなく、随求菩薩像の遺品もあまり多くありません。

大随求菩薩。「図像抄」より

随求陀羅尼は、非常にはば広いさまざまな利益をもたらしますが、随求菩薩を本尊とする祈禱は、『阿娑縛抄』が「近代、多分に産婦のためにこれを修す」と記すように、台密・東密を問わず、ほとんど求児安産の祈禱に限られ、十二世紀以後、宮中で皇子誕生を願う際などに主に修されたのでした。

持世菩薩。「別尊雑記」より

持《じ》世《せ》

梵名はバスドハラー（Vasudharā）、『持世陀羅尼経』『雨宝陀羅尼経』などによると、この菩薩はよく財宝を雨《ふら》して世間を保持するのでこの名があります。『阿娑縛抄』が引く『持世陀羅尼別行功能法』によると、その形像は、蓮華座に坐り微笑し、右手の中には頻羅果（大柘《ざ》榴《くろ》）をとります。またこれを曼荼羅に描いたものは、持世菩薩を四面二臂とし、左手は膝につけ、右手で柘榴樹枝をとります。蓮座の下の水中には龍王、上には天人、横に卒都波《そとば》塔を描きます。

この本尊によって修すれば、財は庫にみち、貧者は富貴となり、病者は癒え、罪人は罪が消えるとのことですが、信仰や修法の実例は、ほとんど伝わらず、わが国ではあまりなじみのない菩薩だったようです。

香《こう》王《おう》

十二世紀中ころに成立した『図像抄』は、香王菩薩として、天冠を戴き、左手に蓮華をとり、右手の五指から五道の衆生に甘露の雨を施す形像を描きます。足下に鬼がうずくまることを除けば、聖観音の形像に近いため、香王観音と後世よばれるようになりました。『図像抄』も、その配列からいえば香王を観音部の中に入れているようにもとれます。

この尊を十万遍念じて観音の前に壇をつくり、夜半におきて千八遍、香王の陀羅尼をとなえると、その日のうちに銭や財物を得ることができるといいます。なお、こうした形像利益を説くのは『香王菩薩陀羅尼呪経』で、平安末期の『別尊雑記』以来、香王菩薩と高王観音を混同しますが、『高王観音経』とは別の経典です（三十三観音の瑠璃観音の項も参照）。

香王菩薩。「図像抄」より

馬鳴菩薩。「別尊雑記」より

馬《め》鳴《みょう》

梵名はアシュヴァグホーシャ(Aśvaghoṣa)、蚕養の守護神とされます。白蓮花に坐して白衣を着し白馬に乗り、瓔珞で身をかざります。六臂で籰《いとわく》・糸・管・棹秤《さおばかり》など蚕養にかかわりあるものを持物としますが、二臂像の場合もあります。馬の口とりに蚕室とよばれる童子が二人、馬の後に蚕母・蚕命・蚕印とよばれる三人の童子、馬の前に啓請弟子、あわせて六人の眷属が囲みます。いずれも中国風の服をまとっており、この菩薩が中国の民間信仰に由来することをうかがわせます。供養に感応して福をもたらすこと無限であり、東寺の秘法とされますが、修法の実例はほとんど伝わりません。

むしろ近世になって、蚕の神として民俗化

し、養蚕の人びとの間で信じられました。関東では蚕神をオシラサマとよびますが、馬鳴はオシラ神が馬に乗る姿に似ているとし、その画像を拝します。民俗信仰化の過程で眷属の弟子も姿を変え、キツネが馬上の馬鳴を引く絵もあります。

般《はん》若《にゃ》

般若菩薩。「図像抄」より

梵名はプラジュニャーパーラミター（Prajñāpāramitā）。般若波羅蜜すなわち悟りの智恵を意味します。いわば菩薩の実践のすべては般若波羅蜜に統一されるのであり（一一三頁参照）、こうした般若波羅蜜の意味を重視する『般若経』によって、大乗仏教が確立するのです。般若菩薩は智恵さらには仏法の象徴であって、『大般若経』はじめ各種般若経典の本尊とされ、三世諸仏能生智母ともよばれます。

六臂像、二臂像などありますが、いずれも宝冠を戴き蓋襠衣《がいとうえ》などをまとい、袖口をたくしあげ、左手に経典または梵篋（経函）を持ちます。梵篋はすなわち般若の経を蔵する意であり、ときに剣を持する像もありますが、この剣も般若の智を象徴するとされます。

なお般若菩薩の眷属に般若十六善神《ぜんしん》とよばれるものがあります。『陀羅尼集経《だらにじつきょう》』などによれば、仏会に列し般若波羅蜜の擁護を誓った十六の神王で、『別尊雑記』の描く形像は、いずれも甲冑をまとい、剣や鉾を持つ神将の姿です。十六善神の名は経典によって相違があり、四天王に十二神将を加えたものとする説もあります。鎌倉時代以後、左右に八神ずつ描いた十六善神像を『大般若経』転読《てんどく》の際にかかげることが盛んになり、遺品も少なくありません。その場合、中尊は般若菩薩よりも釈迦三尊を描いたものが多くみられます。

五大力《ごだいりき》

わが国で古くから護国の経典として重んじられたものに、『仁王般若経《にんのうはんにゃきょう》』がありますが、その中で説かれているのが、この菩薩です。すなわち鳩摩羅什《くまらじゅう》が訳した『仁王般若波羅蜜経』(旧訳仁王経といいます)の受持品に、「大王よ、もし未来世において諸国王の三宝を受持するものあらば、我は五大力菩薩をして、往《ゆ》きてその国を護らしめん」として、金剛吼《こんごうく》菩薩、龍王吼《りゅうおうく》菩薩、無畏十力吼《むいじゅうりきく》菩薩、雷電吼《らいでんく》菩薩、無量力吼《むりょうりきく》菩薩の名をあげます。五大力菩薩は五千の大鬼神の王であり、つねに形像を立てて供養するならば、国中に大利益をもたらすというのです。この後に不空《ふくう》が訳した『仁王護国般若波羅蜜多経』(新訳仁王経といいます)では、この菩薩を五方《ごほう》菩薩と訳し、各菩薩の名も、東方の金剛手《こんごうしゅ》菩薩、南方の金剛宝《こんごうほう》菩薩、西方の金剛利《こんごうり》菩薩、北方の金剛夜叉《こんごうやしゃ》菩薩、中央の金剛波羅蜜多《こんごうはらみった》菩薩、というように、それぞれ方位を付して旧訳とは異なる尊名に訳しています。『仁王経』はすでに七世紀以来、護国の経典として、官大寺《かんだいじ》で盛んに読まれましたが、そこに五大力菩薩の利益への期待があったことが推察されます。ただ五大力の名が史料に現われるのは比較的おそく、貞観十五年（八七三）に陸奥国が、「蝦夷の反乱のおそれで国内の人心が動揺しているので、武蔵の国の例にならって五大菩薩像を造って国分寺に安置し、蝦夷の野心を粛し人民を安心させたい」と願ったことが、当時の正史《せいし》の『三代実録《さんだいじつろく》』にみえます。

五大力菩薩。「別尊雑記」より

『三代実録』の同じころの記事に、受戒後の僧が、五大菩薩の前で『仁王般若経』をよむと定めたくだりがありますので、『仁王般若経』と関係深く、しかも護国の利益のある、『三代実録』のいう五大菩薩とは、五大力菩薩のことだろうと思います。もしそうなら、武蔵国や陸奥国の国分寺には五大力菩薩が安置され、国土安穏の祈禱が行なわれていたと考えられます。

五大力の信仰は、貴族の間でも盛んであったらしく、寛仁四年（一〇二〇）に藤原道長が建立した法成寺《ほうじょうじ》でも、五大力菩薩を懸けて仁王経をその前で講じ、十二世紀の貴族藤原忠実は、金泥《きんでい》で『仁王経』を写経した際、五大力の図も描いたと、日記の『殿暦《でんりゃく》』に記しています。このころから密教の修法として仁王経法が、東密の醍醐寺や仁和寺《にんなじ》の流れで行なわれるようになります。

その場合、本尊として懸けられる仁王経曼荼羅は、中央に不動、東に降三世、南に軍荼利、西に大威徳、北に金剛夜叉の、いわゆる五大明王（五大尊）を描きます。これら五大明王は、新訳『仁王経』の五方菩薩の変化身とされるもので、このことから五大力菩薩も五大明王の姿で描かれるようになります。

こうして五大力は、悪事災難を除く明王的なものとして、鎌倉時代には庶民の信仰を集めるようになりました。今日、五大力の印仏の遺物がありますが、日蓮の『立正安国論《りっしょうあんこくろん》』をよみますと、病の流行におびえた人びとが五大力の形を図して戸ごとに懸けたとあり、おそらく鎌倉時代の民衆は、五大力の印仏を除災の守礼として、門戸に貼って礼拝したものと思われます。

あとがき

六世紀に仏教が伝えられてから千数百年、日本人の心をつねに支えてきたのは、数多くの仏たちでした。有名な古寺や美術館はもとより、名もない寺々や道ばたでも、あるいは家庭の仏壇でも、われわれはさまざまな仏像の姿に親しくふれることができます。今日われわれは、こうした仏像を、ともすれば一個の美術品として鑑賞してしまいますが、一つ一つの仏像は、インドから中国・朝鮮、そしてわれわれの先祖へとうけつがれて来た永い信仰のつみ重ねに支えられているのです。

このごろ日本の美術や宗教に関心をもつ人々から、さまざまな仏像の信仰の歴史について、一冊にまとめた本があれば便利だという声をよく聞きます。たしかに、仏像の形式や持物について、くわしく説明した仏像図典の類は、近年いくつも刊行されていますが、そうした仏像を生み出した信仰の歴史について、やさしくまとめている本は少ないようです。そこで、この本は、「菩薩――仏教学入門――」と題し、仏像の中でもいわゆる菩薩像について、形像の特徴よりも信仰の歴史に主眼をおいて述べてみました。したがって、とりあげる菩薩は、わが国で人々の信仰の対象となったものに限り、経典などに名は現われても実際の信仰対象となることの少なかった菩薩については、すべて省略しました。

青山学院大学石田尚豊先生と東京美術社長佐々藤雄氏の慫慂により本書の執筆に着手して以来、岩泉正己氏、石井みち子氏はじめ東京美術出版事業部の方々には大変お世話になりました。また掲載写真のうち龍門の仏像写真については佐野弥生氏のご協力を得ました。合わせ記して深く感謝の意を表します。

本書は、できるだけ多くの方々に読んでいただくため、文章は平易を宗としましたが、内容については、学界の研究成果をひろくもりこむことができたと、いささか自負する次第です。なお、典拠とした史料や論文については、この本の性格として、いちいち註記しませんでしたので、さらに詳しく知りたい方は、巻末の参考文献を参照していただければ幸いです。

もし本書をひもとかれた方々が、今は名もなき寺や道の辺に忘れ去られたように立つ菩薩像の背後にも、われわれの先祖の永い信仰の歴史が横たわっていることに、改めて思いをいたしてくださるならば、著者にとって喜びこれにすぎるものはありません。

昭和五十七年処暑

藤沢にて

速水　侑

参考文献

最後に、この本を書く際に参考とした主な著書や論文をあげておきます。

一、仏像の図典

戦前のものとしては、密教の尊像を主として解説した、

権田雷斧『新纂仏像図鑑』昭和5年　仏教珍籍刊行会

があります。戦後の代表的な図典としては、

佐和隆研編『仏像図典』昭和37年　吉川弘文館
石田茂作『仏教美術の基本』昭和42年　東京美術
久野健編『仏像事典』昭和50年　東京堂出版

があります。石田氏の本は入門書的で記述は平易、佐和氏の本は形像の典拠となる経典儀軌の文を引用し、久野氏の本は仏像彫刻の用語事典を兼ねている点に特色があります。なお図版を掲げずやや専門的ですが、経典儀軌によって形像を説明したすぐれた研究として、

小野玄妙『仏像の研究』大正15年　丙午出版社（『小野玄妙仏教芸術著作集』第四巻として昭和52年に開明書院から再刊）

も逸することはできません。

これら図典類の基本資料であり、この本でも形像の説明でもっとも参考としたのは、平安時代の末から鎌倉時代にかけて密教の僧侶が編集したさまざまの図像集です。恵什『図像抄』（十二世紀中

ころ成立)、心覚『別尊雑記』(十二世紀後半成立)、覚禅『覚禅鈔』(十二世紀末から十三世紀初めに成立)、承澄『阿娑縛抄』(十三世紀後半成立)などはその主なもので、いずれも『大正新脩大蔵経図像部』に収められています。

二、全体にわたるもの

石田茂作監修『新版仏教考古学講座』第四巻 仏像 昭和51年 雄山閣出版
水野清一『中国の仏教美術』昭和43年 平凡社
中吉功『新羅・高麗の仏像』昭和46年 二玄社
柳沢孝『法隆寺金堂壁画』昭和50年 岩波書店
佐和隆研『日本密教—その展開と美術』昭和41年 NHKブックス
久野健『平安初期彫刻史の研究』昭和49年 吉川弘文館
谷信一『美術史』(体系日本史叢書20)昭和43年 山川出版社

三、主に、「菩薩とは何か」に関するもの

静谷正雄・勝呂信静『大乗仏教』(アジア仏教史インド編Ⅲ)昭和48年 佼成出版社
高田修『仏像の起源』昭和42年 岩波書店
塚本善隆『支那仏教史研究 北魏篇』昭和17年 弘文堂
奈良国立博物館『日本仏教美術の源流』昭和53年 奈良国立博物館

四、観音に関するもの

松本文三郎他『観音乃研究』（『寧楽』13号）昭和5年　寧楽発行所
佐和隆研『密教美術論』昭和30年　便利堂
後藤大用『観世音菩薩の研究』昭和33年　山喜房仏書林
清水侑『観音信仰』昭和45年　塙書房
上原昭一『かんのんみち』昭和51年　朝日新聞社
猪川和子『観音像』（日本の美術）昭和55年　至文堂
大法輪編集部編『観音さま入門』（大法輪選書1）昭和56年　大法輪閣
奈良国立博物館編『観音菩薩』昭和56年　同朋舎出版
堀池春峰「二月堂修二会と観音信仰」（『南都仏教史の研究』上）昭和55年　法蔵館
速水侑「観音信仰と民俗」（『講座日本の民俗宗教』二）昭和55年　弘文堂

五、弥勒に関するもの

松本文三郎『弥勒浄土論』明治44年　丙午出版社
速水侑『弥勒信仰―もう一つの浄土信仰』昭和46年　評論社
宮田登『ミロク信仰の研究』昭和50年　未来社
平岡定海『日本弥勒浄土思想展開史の研究』昭和52年　大蔵出版
水野清一「半跏思惟像について」「倚坐菩薩像について」（『中国の仏教美術』前掲）
田村円澄「半跏思惟像と聖徳太子信仰」（『新羅と飛鳥・白鳳の仏教文化』）昭和50年　吉川弘文館

六、文殊に関するもの
『仏教芸術　特集西大寺の美術』（『仏教芸術』六二号）昭和41年　毎日新聞社
久野健「平安初期における延暦寺の仏像」（『平安初期彫刻史の研究』前掲）
堀池春峰「南都仏教と文殊信仰」（『南都仏教史の研究』下）昭和57年　法蔵館
山本興二「智勝院の文殊普賢像」（『仏教芸術』一〇四号）昭和50年
和島芳男『叡尊・忍性』（人物叢書）昭和34年　吉川弘文館

七、普賢に関するもの
水野清一「観音菩薩と普賢菩薩」（『中国の仏教美術』前掲）
菊竹淳一「普賢十羅刹女像の諸相」（『仏教芸術』一三二号）昭和55年

八、虚空蔵に関するもの
薗田香融「古代仏教における山林修行とその意義」（『平安仏教の研究』）昭和56年　法蔵館
紺野敏文「虚空蔵菩薩像の成立」（『仏教芸術』一四〇号）昭和57年
佐野賢治「山中他界観念の表出と虚空蔵信仰」（『日本民俗学』一〇八号）昭和51年　日本民俗学会

九、地蔵に関するもの
真鍋広済『地蔵尊の世界』昭和34年　青山書院
速水侑『地蔵信仰』昭和50年　塙書房
田中久夫「地蔵信仰の伝播者の問題」（『日本民俗学』八二号）昭和47年

久野健「地蔵菩薩像の変遷」（『平安初期彫刻史の研究』前掲）
『仏教芸術　地蔵菩薩特集』（『仏教芸術』九七号）昭和49年
浜田隆「高野山〝聖衆来迎図〟の歴史的背景」（『ミュージアム』一九一）昭和42年　東京国立博物館

（追補）
速水侑編『観音信仰』（民衆宗教史叢書七）昭和57年　雄山閣出版
宮田登編『弥勒信仰』（民衆宗教史叢書八）昭和59年　雄山閣出版
桜井徳太郎編『地蔵信仰』（民衆宗教史叢書一〇）昭和58年　雄山閣出版
佐野賢治編『虚空蔵信仰』（民衆宗教史叢書二四）平成３年　雄山閣出版

国宝に指定されている菩薩像

名称	時代	所在地
金色堂堂内諸像〈地蔵・観音・勢至菩薩〉及天蓋	平安	岩手県　中尊寺　金色堂
木造薬師如来及両脇侍〈日光・月光菩薩〉像	平安	福島県　勝常寺
木造普賢菩薩騎象像	平安	東京都　大倉集古館
木造十一面観音立像	平安	滋賀県　向源寺
木心乾漆十一面観音立像	奈良	京都府　観音寺　本堂
木造阿弥陀如来及両脇侍〈観音・勢至菩薩〉坐像	平安	京都府　三千院　往生極楽院阿弥陀堂
木造阿弥陀如来及両脇侍〈観音・勢至菩薩〉坐像（棲霞寺旧本尊）	平安	京都府　清凉寺
木造阿弥陀如来及両脇侍〈観音・勢至菩薩〉像（金堂安置）	平安	京都府　仁和寺　霊宝館
木造雲中供養菩薩像	平安	京都府　平等院　鳳凰堂
木造虚空蔵菩薩立像	平安	京都府　醍醐寺
木造五大虚空蔵菩薩坐像	平安	京都府　神護寺　多宝塔
木造五大菩薩坐像	平安	京都府　教王護国寺　講堂
木造十一面観音立像	平安	京都府　六波羅蜜寺　本堂
木造千手観音坐像〈湛慶作〉	鎌倉	京都府　妙法院　蓮華王院本堂
木造千手観音立像	平安	京都府　法性寺
木造千手観音立像（所在講堂）	平安	京都府　広隆寺　霊宝殿
木造不空羂索観音坐像（所在講堂）	平安	京都府　広隆寺　霊宝殿

木造菩薩半跏像（伝如意輪観音）	平安	京都府	宝菩提院	本堂
木造弥勒菩薩半跏像（宝冠弥勒）	飛鳥	京都府	広隆寺	霊宝殿
木造弥勒菩薩半跏像（宝髻弥勒、泣き弥勒）	飛鳥	京都府	広隆寺	霊宝殿
木造薬師如来及両脇侍〈日光・月光菩薩〉像（薬師堂安置）	平安	京都府	醍醐寺	霊宝館
乾漆千手観音坐像	奈良	大阪府	葛井寺	本堂
木造十一面観音立像	平安	大阪府	道明寺	本堂
木造如意輪観音坐像	平安	大阪府	観心寺	金堂
木造阿弥陀如来及両脇侍〈観音・勢至菩薩〉立像	鎌倉	兵庫県	浄土寺	浄土堂
乾漆不空羂索観音立像	奈良	奈良県	東大寺	法華堂
塑造〈日光仏／月光仏〉立像（所在法華堂）	奈良	奈良県	東大寺	東大寺ミュージアム
塑造塔本四面具〈東面に文殊菩薩・南面に弥勒仏〉		奈良県	法隆寺	五重塔
塑造弥勒仏坐像	飛鳥	奈良県	当麻寺	金堂
銅造阿弥陀如来及両脇侍〈観音・勢至菩薩〉像（伝橘夫人念持仏）	飛鳥	奈良県	法隆寺	
銅造観音菩薩立像	飛鳥	奈良県	薬師寺	東院堂
銅造観音菩薩立像（夢違観音）	飛鳥	奈良県	法隆寺	
銅造釈迦如来及両脇侍〈薬王・薬上菩薩〉像〈止利作〉	飛鳥	奈良県	法隆寺	金堂
銅造薬師如来及両脇侍〈日光・月光菩薩〉像	奈良	奈良県	薬師寺	金堂
木心乾漆十一面観音立像	奈良	奈良県	聖林寺	
木心乾漆千手観音立像	奈良	奈良県	唐招提寺	金堂
木造〈無著菩薩／世親菩薩〉立像〈運慶作〉	鎌倉	奈良県	興福寺	北円堂
木造観音菩薩立像（九面観音）	唐（中国）	奈良県	法隆寺	

木造観音菩薩立像（救世観音）	飛鳥	奈良県	法隆寺	夢殿
木造観世音菩薩立像（百済観音）	飛鳥	奈良県	法隆寺	
木造騎獅文殊菩薩及脇侍像	鎌倉	奈良県	安倍文殊院	
木造釈迦如来及両脇侍〈文殊・普賢菩薩〉坐像	平安	奈良県	法隆寺	上堂
木造十一面観音立像	平安	奈良県	室生寺	金堂
木造十一面観音立像	平安	奈良県	法華寺	本堂
木造千手観音立像（旧食堂安置）	鎌倉	奈良県	興福寺	国宝館
木造地蔵菩薩立像	平安	奈良県	法隆寺	
木造不空羂索観音坐像〈康慶作〉	鎌倉	奈良県	興福寺	南円堂
木造文殊菩薩坐像	鎌倉	奈良県	興福寺	東金堂
木造菩薩半跏像（伝如意輪観音）	飛鳥	奈良県	中宮寺	本堂
木造弥勒仏坐像	平安	奈良県	東大寺	
木造弥勒仏坐像〈運慶作〉	鎌倉	奈良県	興福寺	北円堂
木造薬師如来及両脇侍〈日光・月光菩薩〉坐像	平安	奈良県	法隆寺	大講堂
木造千手観音立像	平安	和歌山県	道成寺	
木造菩薩立像（伝日光・月光菩薩）	平安	和歌山県	道成寺	
木造弥勒仏坐像	平安	和歌山県	慈尊院	廟所

※二〇一九年七月一日現在、国宝に指定されている美術品のうち「彫刻」に分類されている菩薩像のみをあげた。

本書の原本『菩薩——仏教学入門』は、一九八二年に東京美術より刊行されました。文庫化にあたり、著作権者の了解を得て、一部の写真を差し替えたほか、巻末付録として「国宝に指定されている菩薩像」を載録しました。

なお、本文中に、「非人」「癩病」「癩者」といった、現在では差別的な表現を用いた記述がありますが、著者が故人であることや、そこに描かれた時代の歴史的背景などを考慮し、原文のままとしました。「癩病」「癩者」はおもにハンセン病とその患者・回復者のことをさしますが、史料上は重い皮膚病全般との混同も多く、歴史的に、厳しい隔離政策により社会から排除され、差別されてきました。しかし、ハンセン病は、現在ではかつて考えられたような「強い感染力を持つ不治の病」や遺伝病ではないことがわかっており、治療薬の開発により、完治可能な病気となっています。皆様には、以上の点をご理解のうえお読みいただけますよう、お願いいたします。

速水　侑（はやみ　たすく）

1936年，北海道生まれ。北海道大学文学部史学科卒業。専攻は日本仏教史。北海道大学助教授，東海大学教授等を経て，東海大学名誉教授。2015年，没。おもな著書に，『観音信仰』『弥勒信仰』『地蔵信仰』『平安貴族社会と仏教』『浄土信仰論』『日本仏教史　古代』『源信』『観音・地蔵・不動』など。

講談社学術文庫

定価はカバーに表示してあります。

菩薩《ぼさつ》　由来《ゆらい》と信仰《しんこう》の歴史《れきし》

速水《はやみ》　侑《たすく》

2019年10月10日　第1刷発行

発行者　渡瀬昌彦

発行所　株式会社講談社

東京都文京区音羽2-12-21　〒112-8001

電話　編集（03）5395-3512

販売（03）5395-4415

業務（03）5395-3615

装　幀　蟹江征治

印　刷　豊国印刷株式会社

製　本　株式会社国宝社

本文データ制作　講談社デジタル製作

ISBN978-4-06-517392-3

「講談社学術文庫」の刊行に当たって

これは、学術をポケットに入れることをモットーとして生まれた文庫である。学術は少年の心を養い、成年の心を満たす。その学術がポケットにはいる形で、万人のものになることは、生涯教育をうたう現代の理想である。

こうした考え方は、学術を巨大な城のように見る世間の常識に反するかもしれない。また、一部の人たちからは、学術の権威をおとすものと非難されるかもしれない。しかし、それはいずれも学術の新しい在り方を解しないものといわざるをえない。

学術は、まず魔術への挑戦から始まった。やがて、いわゆる常識をつぎつぎに改めていった。学術の権威は、幾百年、幾千年にわたる、苦しい戦いの成果である。こうしてきずきあげられた城が、一見して近づきがたいものにうつるのは、そのためである。しかし、学術の権威を、その形の上だけで判断してはならない。その生成のあとをかえりみれば、その根は常に人々の生活の中にあった。学術が大きな力たりうるのはそのためであって、生活をはなれた学術は、どこにもない。

開かれた社会といわれる現代にとって、これはまったく自明である。生活と学術との間に、もし距離があるとすれば、何をおいてもこれを埋めねばならない。もしこの距離が形の上の迷信からきているとすれば、その迷信をうち破らねばならぬ。

学術文庫は、内外の迷信を打破し、学術のために新しい天地をひらく意図をもって生まれた。文庫という小さい形と、学術という壮大な城とが、完全に両立するためには、なおいくらかの時を必要とするであろう。しかし、学術をポケットにした社会が、人間の生活にとってより豊かな社会であることは、たしかである。そうした社会の実現のために、文庫の世界に新しいジャンルを加えることができれば幸いである。

一九七六年六月

野間省一

宗教

秋月龍珉著（解説・竹村牧男）

一日一禅

師の至言から無門関まで、魂の禅語三六六句。柳緑花紅、照顧脚下、大道無門。禅者が、自らの存在をその一句に賭けた禅語。幾百年、師から弟子に伝わった魂に食い入る禅語三六六句を選び、一日一句を解説する。

1598

立川武蔵著

空の思想史　原始仏教から日本近代へ

一切は空である。神も世界も私すらも実在しない。仏教の核心思想の二千年史。仏教の核心をなす空の思想は、絶対の否定の果てに、一切の聖なる甦りを目指す。印度・中国・日本で花開いた深い思惟を追う二千年。

1600

山崎正一全訳注

正法眼蔵随聞記

道元が弟子に説き聞かせた学道する者の心得。修行者のあるべき姿を示した道元の言葉を、高弟懐奘が克明に筆録した法語集。実生活に即したその言葉は平易で懇切丁寧である。道元の人と思想を知るための入門書。

1622

竹村牧男著

インド仏教の歴史　「覚り」と「空」

インド亜大陸に展開した知と静の教えを探究。菩提樹の下のブッダの正覚から巨大な「アジアの宗教」へ。悠久の大河のように長く広い流れを、寂静への「覚り」と一切の「空」というキータームのもとに展望する。

1638

三枝充悳《さいぐさみつよし》著（あとがき・横山紘一）

世親

唯識の大成者にして仏教理論の完成者の全貌。現代の認識論や精神分析を、はるか千六百年の昔に先取りした精緻な唯識学を大成した世親。仏教理論をあらゆる面で完成に導いた知の巨人の思想と全生涯に迫る。

1642

道元著／増谷文雄全訳注

正法眼蔵　（一）～（八）

禅の奥義を明かす日本仏教屈指の名著を解読。魂を揺さぶる迫力ある名文で仏教の本質を追究した『正法眼蔵』。浄土宗の人でありながら道元に深く傾倒した著者が繰り返し読み込み、その真髄は何かに肉迫する。

1645～1652

宗教

誤解された仏教
秋月龍珉著（解説・竹村牧男）

霊魂や輪廻転生、神、死者儀礼等をめぐる問題につき、日本人の仏教に対するさまざまな誤解を龍珉師が喝破。「仏教＝無神論・無霊魂論」の主張を軸に、仏教への正しい理解のあり方を説いた刺激的論考。

1778

日蓮「立正安国論」
佐藤弘夫全訳注

社会の安穏実現をめざし、具体的な改善策を「勘文」として鎌倉幕府に提出された『立正安国論』。国家主義と結びついた問題の書を虚心坦懐に読み、「先ず国家を祈って須らく仏法を立つべし」の真意を探る。

1880

バウッダ［佛教］
中村　元・三枝充悳著（解説・丘山　新）

釈尊の思想を阿含経典に探究し、初期仏教の発生から大乗仏教や密教の展開に至るまでの過程を追い、仏教の壮大な全貌を一望する。思想としての仏教を解明し「仏教」の常識を根底から覆す、真の意味の仏教入門。

1973

ゾロアスター教　三五〇〇年の歴史
M・ボイス著／山本由美子訳

三五〇〇年前に啓示によって誕生したこの宗教は、キリスト教、イスラム教、仏教へと流れ込んだ。火と水の祭儀、善悪二元論、救世主信仰……。謎多き人類最古の世界宗教の信仰内容と歴史を描く本格的入門書。

1980

仏典のことば　さとりへの十二講
田上太秀著

諸行無常、衆縁和合、悉有仏性、南無帰依仏……。人はなぜ迷い、悩むのか。仏教の基本教理を表す十二のことばを通し、無限の広がりを持つ釈尊の教えを平易に解説。さとりへの道を示す現代人必読の仏教入門。

1995

慈悲
中村　元著

呻きや苦しみを知る者のみが持つあらゆる人々への共感、慈悲。仏教の根本、あるいは仏そのものとされる最重要概念を精緻に分析、釈迦の思惟を追う。仏教の真髄と現代的意義を鮮やかに描いた仏教学不朽の書。

2022

宗教

頼富本宏著
密教とマンダラ

真言・天台という日本の密教を世界の仏教史のなかに位置づけ、その歴史や教義の概要を紹介。胎蔵界・金剛界の両界マンダラを中心に、その種類や構造、思想、登場するほとけたちとその役割について平易に解説。

2229

大貫　隆訳・著
グノーシスの神話

「悪は何処からきたのか」という難問をキリスト教会に突き付け、あらゆる領域に「裏の文化」として影響を及ぼした史上最大の異端思想のエッセンス。ナグ・ハマディ文書、マンダ教、マニ教の主要な断章を解読。

2233

大谷哲夫全訳注
道元「永平広録 真賛・自賛・偈頌《げじゅ》」

禅者は詩作者でもあった。道元の主著として『正法眼蔵』と並ぶ『永平広録』の掉尾を飾る最終巻。道元が漢詩に詠んださとりの深奥を簡明に解説し、禅の思想と世界を追体験する。『永平広録』訳注シリーズ完結。

2241

河口慧海著／高山龍三校訂
チベット旅行記（上）（下）

仏典を求めて、厳重な鎖国下のチベットに、困難を乗り越えて、単身入国・帰国を果たした河口慧海。最高の旅行記にして、生活・風俗・習慣の記録として、チベット研究の第一級の資料。五巻本を二巻本に再編成。

2278・2279

竹村牧男著
日本仏教　思想のあゆみ

聖徳太子、南都六宗、最澄・空海、そして鎌倉新仏教。インド以来の仏教史の到達点である日本仏教の高度な思想はいかに生まれたか。各宗派祖師の思想の概略を平易に解説し、日本人のものの見方の特質を描き出す。

2285

荒牧典俊・本庄良文・榎本文雄訳
スッタニパータ［釈尊のことば］全現代語訳

かくしてひとり離れて修行し歩くがよい、あたかも一角の犀そっくりになって——。現代語で読む最古層の原始仏典。師の教えに導かれた弟子たちが簡素な生活の中で修行に励み、解脱への道を歩む姿がよみがえる。

2289

倉田百三《ひゃくぞう》著（解説・稲垣友美）
新版　法然と親鸞の信仰

信仰は思想ではない。生きることそのものなのだ！『出家とその弟子』で知られる求道的文学者が、「一枚起請文」と「歎異鈔」の世界に深く分け入り、情熱をこめて信仰と人生を語り説く。感動の仏教入門。

2432

竹村牧男著
親鸞と一遍　日本浄土教とは何か

無の深淵が口をあけ虚無の底に降り立った中世日本に日本浄土教を大成した二人の祖師。信心と名号、全く対照的な思索を展開した両者の教えの精緻な読み込みを通して日本人の仏教観の核に鋭く迫った清新な論考。

2435

大谷哲夫全訳注
道元「宝慶記《ほうきょうき》」

真の仏法を求めて入宋した道元禅師は、天童山でついに正師たる如浄に巡り会った。情熱をもって重ねられる問を受けとめる師の喜び。正しい教えを得た弟子の感激。八百年の時空を超えて伝わる求道と感激の書！

2443

マルティン・ルター著／深井智朗訳
宗教改革三大文書　付「九五箇条の提題」

記念碑的な文書「九五箇条の提題」とともに、一五二〇年に公刊され、宗教改革を決定づけた『キリスト教界の改善について』、『教会のバビロン捕囚について』、『キリスト者の自由について』を新訳で収録した決定版。

2456

秦　剛平訳
七十人訳ギリシア語聖書　モーセ五書

前三世紀頃、七十二人のユダヤ人長老がヘブライ語聖書をギリシア語に訳しはじめた。この通称「七十人訳」こそ、現存する最古の体系的聖書でありイエスの時代の聖書である。西洋文明の基礎文献、待望の文庫化！

2465

藤代泰三著（解説・佐藤　優）
キリスト教史

イエスの十字架から教会制度、神学思想、宣教などの変遷を、古代から現代まで描ききり、キリスト教史の枠組みのなかで日本のキリスト教を捉え直す。世界教の二〇〇〇年史をこの一冊で一望できる決定